Für meine Wildi

Champagner um Mitternacht

Ein Hochdeutsch-Krimi
von Martina Bodemann

Bibliografische Information der Deutschen National-
bibliothek:
Die Deutsche Nationalbibliothek verzeichnet diese
Publikation in der Deutschen Nationalbibliografie;
detaillierte bibliografische Daten sind im Internet
über http://dnb.dnb.de abrufbar.

© 2015 Martina Bodemann

Illustration: Jessica Fuhrmann

Herstellung und Verlag: BoD – Books on Demand,
Norderstedt

ISBN: 978-3-739246383

Inhaltsverzeichnis

Kapitel 1

Nächster Halt Prag!

Sie musste durch das Rattern des Zuges über die Schienen eingeschlafen sein, denn die laute Tonbandstimme aus dem Lautsprecher ließ sie hochfahren. „Nächster Halt: Prag Hauptbahnhof."

Blödmann, dachte Rosa, ich habe mich wirklich erschrocken. Zum Glück war sie allein in ihrem *Abteil*.

Sie verstaute ihre Zeitungen in ihrer Handtasche, überprüfte in dem kleinen Spiegel über den Sitzen ihr Make-Up und dachte, während sie sich die Haare kämmte: „Stimmt ja auch, nächster Halt in meinem Leben wird wohl Prag werden".

Sie zog sich ihre Jacke an und ging schon einmal aus dem Abteil, wo sie mit Handtasche über der Schulter die letzten Minuten im *Zugkorridor* ⓘ stehend die schönen Fassaden der alten Stadt betrachtete, die an ihr vorbeiglitten und sinnierte.

Dieser Besuch in Prag hatte eine Bestimmung. Sie reiste fast regelmäßig einmal pro Jahr in die Goldene Stadt, aber dieses Mal wollte ihre beste und liebste Freundin Marie sie davon überzeugen, ganz nach Prag zu ziehen. Dass sie sich dazu bereits entschlossen hatte, musste sie Marie ja nicht gleich auf die Nase binden. Sie *schmunzelte*. Der Stolz der Tschechen auf Kultur und Nation war *legendär*.

*ⓘ Wir Deutschen lieben lange Worte und
hängen gern Nomen hintereinander.
Hier sind es der Zug und der Korridor.*

Meine Notizen

_____

_____

_____

_____

_____

_____

_____

Glossar	*Erklärung*
das Abteil	*Getrennter Raum im Zug,*
	im Gegensatz zu: Großraumwagon
der Korridor	*hier: Synonym für Flur*
schmunzeln	*befriedigt lächeln*
legendär	*hier: erstaunlich, sehr groß*

Übung 1   Plural

Bilde die Pluralformen:

a) das Abteil   _____

b) der Spiegel   _____

c) die Handtasche   _____

d) der Korridor   _____

e) die Nation   _____

Marie würde alles *in die Waagschale werfen ℛ,* um sie davon zu überzeugen nach Prag zu ziehen. Das würde mit Sicherheit ein interessanter und abwechslungsreicher Aufenthalt werden, Rosa war schon sehr gespannt. Die üblichen Verdächtigen wie die Karlsbrücke und die Prager Burg hatte sie schon viele Male besucht.

Marie war ihre beste Freundin, die sie vor Ewigkeiten in London in einem Hotel kennengelernt hatte, am Anfang ihrer beiden Hotellaufbahnen. Sie waren sofort *ein Herz und eine Seele gewesen ℛ.*

Nach ein paar Jahren in England und in der Schweiz hatten sich ihre Wege getrennt, Rosa führte ihr Nomandenleben weiter durch verschiedene Länder und Hotels und Marie tat, was die meisten tschechischen Mädchen nach ein paar Jahren im Ausland machen – das Heimweh gewann Überhand und sie ging zurück nach Prag, wo sie einen gutaussehenden Mann heiratete und eine Tochter bekam.

Ihre Welten drifteten auseinander, aber *aus den Augen verloren ℛ* sie sich nie. „Nach so vielen Jahren kommen wir wieder zusammen", freute sie sich.

Natürlich hatte Rosa ordentlich die Hosen voll, im fortgeschrittenen Alter nochmal so eine komplette Veränderung. Einen kompletten Neuanfang. Aber wenn nicht jetzt, wann dann? Sie hatte keine Bindungen, keine Familie und alle Freunde waren nur einen Flug weit entfernt. Und irgendwie war das Leben langweilig geworden, immer nur Alltag, keine Herausforderungen mehr. Irgendwie halten uns neue Herausforderungen jung, dachte sie fröhlich.

Manche Menschen sind schon mit zwanzig zu alt, um so einen Schritt zu wagen.

Redensart

in die Waagschale werfen Eine Waage hat zwei Schalen
und je mehr man in die eine
Schale legt, desto schwerer, also
wertvoller ist diese Seite

*ein Herz und eine Seele sein bedeutet, sich auf allen Ebenen
super verstehen*

aus den Augen verlieren Kein Sinnesorgan ist wichtiger
als das Auge. Wenn man jeman-
den nicht aus den Augen verliert,
hat man nicht regelmäßigen
Kontakt, weiß aber immer wo
der andere ist und was er macht

Übung 2   Korrekt oder nicht? Was stimmt?

a) Marie ist eine Deutsche.

b) Sie lebt in Prag und hat eine Tochter.

c) Marie und Rosa kennen sich erst seit kurzem.

d) Rosa ist verheiratet und hat drei Kinder.

e) Die Freundinnen kennen sich schon lange.

_____

_____

_____

_____

_____

11

Der Zug rollte langsam in den Prager Hauptbahnhof ein. Schon bevor sie die *steilen* Stufen des Wagons heruntersteigen konnte, sah sie ihre beste und liebste Freundin mit einem strahlenden Gesicht auf dem Bahnsteig stehen. Sie warf beide Arme wie eine verrückte Winkekatze über den Kopf und rief völlig überflüssigerweise 'Huhu, hier bin ich'. Dass dabei die an ihr vorbeiströmenden Reisenden den Kopf einziehen mussten und ihr böse Blicke zuwarfen, bemerkte sie gar nicht.

Die Freundinnen fielen sich in die Arme, als hätten sie sich jahrelang nicht gesehen. „Na endlich, da bist du ja, ihr hattet ewig Verspätung!"

Marie neigte zu Übertreibungen, es waren lediglich ein paar Minuten.

Sie zog Rosa lachend und *quasselnd* zum Ausgang. Wie immer verzichteten sie auf die unzuverlässigen Taxis, die vor dem Bahnhof auf Touristen warteten und gingen Arm in Arm durch den Park in Richtung Pulverturm und ein Stück weiter zum Grand Hotel Bohemia, wo Marie als Hausdame arbeitete.

„Mein Chef hat *sich nicht lumpen lassen* ℛ, du hast das schönste Zimmer im Haus! Du wirst staunen!" Da sie während dieses Besuchs auch noch Rosas 50. Geburtstag feiern sollten, hatte er sie eingeladen in seinem schicken Hotel mitten in der Prager Altstadt zu wohnen. Normalerweise übernachtete sie bei Marie auf dem Sofa, wenn sie nach Prag kam. Was natürlich zu langen, durchquatschten Nächten und tiefen Augenringen führte.

Aber dieses Mal sollte der Besuch mit besonderen Erinnerungen verbunden werden, und darin, besondere unvergessliche Erinnerungen zu produzieren, sind Hotelmanager wahre Weltmeister.

Glossar	*Erklärung*
steil	*stark ansteigend oder abfallend*
quasseln	*ugs. für schnell und viel reden*
staunen	*sich sehr wundern, beeindruckt sein*

Redensart

sich nicht lumpen lassen   *freigiebig sein, großzügig sein*
Aus dem Wort Lump (jemand,
der Lumpen trägt, also ein
Gauner) hat sich dieses Verb
entwickelt. Wer sich nicht
lumpen lässt, der will kein Lump
sein.

_____

_____

_____

_____

_____

Übung 3   Buchstabensalat.

Welches Wort wird gesucht?

Wie heißt der Artikel dazu?

a) rieatkl   _____

b) larubu   _____

c) cuhb   _____

d) rchaspe   _____

e) deabn   _____

Sie checkten an der Rezeption offiziell ein. Leider war vom Hoteldirektor keine Spur, der würde sich ein bisschen übergangen fühlen, wenn ihm der Ehrengast nicht sofort vorstellt würde.

Im siebten Stock staunte Rosa nicht schlecht. Das Zimmer ging über die Ecke des Hauses, war halbrund, sehr groß und hatte sogenannte französische Fenster, also Fenster wie Balkontüren, nur dass kein Balkon dahinter zu finden war. Der Blick über die *rostroten* Dächer der Prager Altstadt *rauf* zur Prager Burg war *atemberaubend*!

„Hier werden wir um Mittelnacht ein feines Glas Champagner auf deinen Geburtstag trinken, die Flasche steht schon kalt." Sie deutete auf einen Sektkühler mit einer Flasche ihres Lieblingschampagners, neben dem auch eine bunte Schale mit frischem Obst und ein ebenso bunter Strauß Sommerblumen standen.

Rosa lächelte. Das Wort Mitternacht hatte sie ihrer Freundin nie richtig beibringen können und es dann einfach aufgegeben. Irgendwie war es ja auch charmant.

„Du, ich packe erstmal aus und mache mich frisch. Es ist ja auch schon spät am Nachmittag, wie sieht's aus, wann treffen wir uns zum Abendessen? Musst du erst noch nach Hause, dich umziehen und frischmachen? Oder gehen wir direkt von hier in der Innenstadt was essen?" Beim Reden verschwand Rosa im Bad, um sich die *klebrigen* Finger zu waschen und das Badezimmer zu erkunden.

„Heute Abend bleiben wir in der Innenstadt und gehen in eine verrauchte tschechische Kneipe, morgen gehen wir in mein Lieblingsrestaurant, habe dort schon 'meinen' Tisch bestellt. Das ist gleich bei mir um die Ecke."

Glossar	Erklärung
rostrot	*bräunlich rot wie Rost*
rauf	*kurz für: herauf*
atemberaubend	*so aufregend, das es einem den Atem nimmt*
klebrig	*klebend, anhaftend, schmutzig*

_____

_____

_____

_____

_____

_____

_____

_____

Übung 4   Finde das Gegenteil!

a) faul   _____

b) traurig   _____

c) künstlich   _____

d) süß   _____

e) schön   _____

f) stark   _____

Rosa schmunzelte vor sich hin. Ihre Freundin hatte in jedem Restaurant, das sie frequentierte, ihren Lieblingstisch und wusste natürlich auch die Tischnummer! Meistens hatte sie auch ein Lieblingsgericht und aß immer nur das. Bevor sie fragen konnte, ob Marie auch den Boss des Restaurants kenne, hörte sie:

„Wir treffen uns um 8 Uhr in der Lobby, ok? Ich freu' mich!" Und schon war sie allein.

Frisch geduscht und in Jeans und Sandaletten *marschierten* beide die Celetna Straße zum Altstädter Ring, *flaniert* von wunderschönen alten Ziegelhäusern und gespickt mit Touristen, sodass sie eigentlich den doppelten Weg zurücklegen mussten, um die Menschen *aus aller Welt* herum, die immer wieder *abrupt* stehenblieben, um Fotos oder Selfies zu machen, ohne Rücksicht auf Menschen, die hinter ihnen gingen.

Es störte sie nicht. Wenn man allerdings keine Zeit hat und schnell irgendwohin muss, kann man schon mal ungeduldig werden.

Auf dem Altstädter Ring musste auch Rosa stehen bleiben und den Anblick in sich aufnehmen. Die Fassaden der alten Häuser in Prag waren wunderschön, aber der ganzen Schönheit wurde man sich erst auf so einem großen Platz bewusst. Jede Fassade ein Original, eine schöner als die Nächste.

Und die *filigranen* Türme der Tynkirche, die andächtig über dem historischen Platz nach dem Rechten schauten!

„Ein Tourist hat mal hier auf dem Platz zu mir gesagt, es sähe hier so aus wie bei den Universal Studios in Amerika. Ich musste ihm dann versichern, dass das alles echt ist und hintenrum keine Stützbalken und Gerüste stehen. Wobei, es sieht ja wirklich ein bisschen wie im Märchen aus."

16

_____

_____

_____

_____

_____

_____

_____

Glossar	Erklärung
marschieren	*militärisch für im Gleichschritt gehen hier ugs.: gehen*
flaniert	*hier: auf beiden Seiten der Straße*
aus aller Welt	*von über all her*
abrupt	*plötzlich, unvermittelt*
filigran	*fein, schön*

Übung 5

Wie heißt das Nomen zu den Verben?

Natürlich mit Artikel, bitte!

a) fragen _____

b) antworten _____

c) entscheiden _____

d) besuchen _____

e) kontrollieren _____

„Aber das schlimmste Erlebnis hatte ein Kollege von mir mit einer amerikanischen Touristin. Er stand mit ihr an einer Ampel und die Ampel hatte so ein akustisches Signal für Blinde, dieses Tack-Tack-Tack. Sie fragte, was das für ein Geräusch sei und auf seine Antwort, dass es ein Signal für Blinde sei, war sie ganz *aus dem Häuschen* 🎵 und antwortete: „Oh my God, in den Vereinigten Staaten von Amerika dürfen Blinde kein Auto fahren!"

„Nein!!!"

„Doch! Ist so passiert! Natürlich hat sie gleich gemerkt, dass sie sich geirrt hat und mit meinem Kollegen mitgelacht."

„Die hätte wohl besser mal *eine Seite Gehirn umgeblättert* 🎵!"

Die Freundinnen *kicherten* und folgten weiter dem sogenannten Königsweg, um dann Richtung Lucerna Passage abzubiegen. Diese Passage zieht sich durch einen ganzen Block bis zum Wenzelsplatz und *beheimatet* im vorderen Teil Geschäfte und Läden und einige Restaurants, Cafes und Bars, im hinteren Bereich führt eine Treppe in ein im Jugendstil eingerichtetes Kino, sowie zu einem Nachtclub, der auch als Disko genutzt wird. Von der Decke hängt ein berühmtes Kunstwerk eines tschechischen Bildhauers, David Černy, ein kopfüber hängendes Pferd auf dessen Bauch der heilige Wenzel sitzt.

„Hier sind wir, dies ist ein tschechisches Lokal, da gehen wir jetzt rein. Und danach gehen wir Paternoster fahren in der Passage." Marie zeigte auf eine unscheinbare Tür und schob Rosa die Treppen hinunter in eine typisch tschechische, verrauchte Kneipe, gemütlich in einem gewölbten Keller versteckt.

Redensart

aus dem Häuschen sein	*aufgeregt sein*
	Das Haus ist für uns unsere
	Heimat. Ein Zustand
	der Aufregung kann verglichen
	werden mit dem Herausgehen
	aus dem Haus oder Häuschen
	(kleines Haus)
eine Seite Gehirn	*im Spaß für: nachdenken*
umblättern	

Glossar	Erklärung
kichern	*albern lachen,*
	in hohen Tönen lachen
beheimaten	*eine Heimat geben, beinhalten*

Übung 6   Beschreibe dein Lieblingsrestaurant

Einige hilfreiche Adjektive

findest du hier:

gemütlich   klein   modern

    international   wie bei Mutti

im Trend   elegant   hell

    rustikal   mondän

verspielt   kitschig   klassisch

    freundlich   traditionell

exklusiv   klein   perfekt

19

Beim Essen konnte Rosa *es sich nicht verkneifen*, ihre Freundin auf deren *kolossale Neugier* anzusprechen. Marie musste von der Natur ihres Jobs natürlich überall hinsehen und alles kontrollieren, aber das *beschränkte* sich nicht nur auf ihre Arbeitszeit. Sie musste alles anfassen, alles wissen, jede Tür aufmachen.

Marie war ein typischer Zwilling, dachte Rosa. Vielseitig interessiert, sehr kontaktfreudig und *neugierig*! Man sollte besser sagen: ZU neugierig. Sie musste immer auf dem neusten Stand sein. Charmant und lebhaft. „Ich weiß schon, du machst dich über mich lustig, aber da ist tatsächlich ein Gast, der mich *stutzig* macht", antwortete sie *nachdenklich* und schaute dabei tief in ihr Weinglas, als könne sie eine Antwort darin finden.

„In dem Zimmer neben deinem Zimmer, da hat ein Gast eingecheckt, der ist nicht ganz koscher. Der hat mir gesagt, er arbeite für Hertz, aber die Reservierung kam übers Internet. Normalerweise hat Hertz bei uns eine Sonderrate und die Gäste bekommen einen schönen Obstkorb und Bohemia Sekt auf das Zimmer und sie haben Anrecht auf die besten Zimmer im siebten Stock. Ich muss das checken", sagte sie eher zu sich selbst.

„Und lass mich raten, du kennst natürlich den Chef von Hertz!", kommentierte Rosa trocken, aber mit einem Lächeln.

Marie hörte den ironischen Unterton nicht und sagte wie zu sich selbst: "Ja. Und zum Glück hat dieser Gast eh ein Zimmer im siebten Stock." Wahrscheinlich machte sie sich eine Notiz auf der inneren ToDo-Liste, Sie musste unbedingt bei der Firma anrufen und herausfinden, was da los war.

Übung 7 Ein typischer Zwilling?

Welche Adjektive sind „typisch" für

mein Sternzeichen?

Ich   Freund/ Familienmitglied

_____   _____

_____   _____

_____   _____

_____   _____

_____   _____

_____   _____

Glossar   *Erklärung*
kolossal   *riesengroß*
die Neugier   *der Wunsch alles zu erfahren*
beschränken   *begrenzen, einschränken*
neugierig   *Adjektiv zu Neugier*
stutzig   *misstrauisch*
nachdenklich   *mit etwas in Gedanken beschäftigt*

_____

_____

_____

_____

_____

_____

„Weißt du, als ich ihn fragte, für welche Firma er arbeite, blieb sein Blick an einem Hertz-Flyer hängen, der an der Rezeption ausliegt. Irgendwie habe ich es ihm *nicht abgenommen*." In Gedanken sah sie den kurzen unsicheren Moment im Gesicht des Mannes, als sie nach seiner Firma fragte, und, als dann sein Blick auf den Flyer gefallen war und er prompt eine Antwort hatte.

„Ja, Miss Marple, komm, lass uns Paternoster fahren, meinst du der läuft noch?" Rosa brauchte frische Luft. Das Essen war *vorzüglich*, aber typische tschechische Küche ist schwer und sie brauchte dringend ein bisschen Bewegung.

Marie wollte die *Gunst* der Stunde nutzen und mit ihrer Freundin über die Zukunft sprechen. Die zwei Gläser Wein machten sie mutiger und sie begann ein bisschen schüchtern: „Rosa, du weißt, wie gern ich dich hier bei mir hätte. Wir finden bestimmt einen schönen Job für dich und wohnen kannst du erstmal bei mir. Mein Trauma würde in Erfüllung gehen!"

Rosa starrte sie mit großen Augen an. Eine Sekunde, noch eine Sekunde und sie *prustete* los: "Trauma? Ein TRAUM geht in Erfüllung, du Dödel, nicht ein Trauma...!!" Sie starrten einander an. „Du bist mein Trauma, Marie! Ich brauch jetzt einen Schnaps."

Der Paternoster geriet in Vergessenheit und die Hotelbar ins Visier der leicht angetrunkenen Damen.

Ein paar *Becherovka* ⑦ später gingen sie mit der Absicht auf den kommenden Geburtstag *anzustoßen* auf Rosas Zimmer. Ihre Freundin hatte Zahnbürste und Pyjama in weiser Voraussicht dabei. Um 'Mittelnacht' allerdings, lagen beide schon schnarchend in den weichen Betten...

Ⓘ Becherovka ist der tschechische Nationalschnaps.
Auch lecker als 'Beton' = Becherovka mit Tonic

Glossar	*Erklärung*
jmd. etwas nicht abnehmen	*etwas nicht glauben*
vorzüglich	*besonders gut, exzellent*
die Gunst	*gute Gelegenheit*
prusten	*lachen und Luft ausstoßen*
anstoßen	*zuprosten*

Übung 8   Ein Trauma würde in Erfüllung

gehen! Formuliere im Konjunktiv

a) Wenn ich im Lotto gewinne, kaufe ich einen

Porsche.

Wenn ich im Lotto gewinnen würde, würde ich einen

Porsche kaufen.

b) Wenn ich krank bin, trinke ich nur Tee.

_____

c) Ich kaufe nur Bio Produkte, auch wenn ich nicht

viel Geld habe.

_____

_____

d) Er nimmt den Schirm, wenn es regnet.

_____

_____

Alles verstanden?

Hier ein paar Fragen zum Textverständnis:

1. Kapitel: Nächster Halt Prag

Wahr oder Blödsinn?

a) Rosa kommt nach Prag mit dem Flugzeug.

b) Wer sich nicht lumpen lässt, der ist großzügig.

c) Die Freundinnen kennen sich schon lange.

d) Wer sich aus den Augen verliert, braucht Kontaktlinsen.

e) Prosecco ist der bekannte Sekt der Tschechischen Republik.

f) Wenn zwei Menschen ein Herz und eine Seele sind, dann kennen sie sich nicht.

g) Marie ist Zwilling vom Sternzeichen, genau wie Rosa.

h) Marie ist notorisch neugierig.

i) Marie traut dem Gast von Zimmer 709 nicht.

j) In Prag gibt es keine Paternoster mehr.

Kapitel 2

Der königliche Weinberg

Die Sonne schien bereits kräftig durch die französischen Fenster von Zimmer 707, als die Rezeption Marie wach klingelte – sie musste an diesem Vormittag arbeiten und die Zimmer kontrollieren. Rosa wachte zwar kurz auf, drehte sich noch einmal um und *schnarchte* leise weiter. Leise ging Marie ins Bad. Sie wollte ihre Freundin noch nicht wecken, es war schließlich ihr runder Geburtstag und Urlaub hatte sie ja auch.

In ihrem Büro im 8. Stock checkte sie ihre Emails und druckte sich den Belegungsplan vom heutigen Tag aus. Von den 79 Zimmern waren fast alle gebucht, d.h. sie musste *sich sputen*, wenn sie gegen Mittag fertig sein wollte.

Normalerweise ging sie von oben nach unten vor, aber da sie wusste, dass ein Zimmer im 7. Stock erst spät geputzt werden würde, würde sie ausnahmsweise unten anfangen. So ging sie erst einmal von der Rezeption durch die Bar und dann durch den Frühstücksraum.

Es war noch früh, am Sonntag, also *nicht so viel los 𝓡*. Auf den Tischen lagen Stadtführer und Stadtpläne, das Wochenende gehörte den Stadttouristen. Marie drehte eine Runde und sprach hier und da mit ihren Gästen.

Glossar	*Erklärung*
schnarchen	*beim Schlafen laut atmen*
sich sputen	*sich beeilen*

Übung 9 Präteritum

Bilde das Präteritum in der

richtigen Form!

a) ich sage   ich sagte_____

b) er sieht   _____

c) du schläfst   _____

d) wir sagen   _____

e) sie wollen   _____

f) ihr habt   _____

g) Sie können   _____

In der Unterhaltung benutzen wir in der Vergangenheit das Perfekt (ich habe gesagt), im Text, in der Literatur, in der Zeitung liest man die Vergangenheitsform Präteritum. Die Modalverben (können, dürfen, wollen etc.) allerdings werden meist im Präteritum benutzt (ich musste viel schlafen).

Redensart
es ist nichts los bedeutet, dass nichts passiert, keine Menschen da sind. Wenn ein Restaurant oder eine Bar leer ist, sagt man: Da ist heute nichts los.

An einem kleinen Tisch am Fenster entdeckte die Hausdame den merkwürdigen Mann von Zimmer 709, der angeblich für den Autoverleiher arbeitete. Natürlich kannte Marie den Boss der Firma, aber ihn deswegen am Sonntag anrufen? Nein, sie entschied sich dagegen. Das musste bis Montag warten. Aber es fiel ihr wieder etwas Merkwürdiges auf – er war ganz in schwarz *gekleidet* – ganz sicher nicht die richtige Kleidung für eine Stadttour im Juli. Sie begrüßte ihn höflich, aber sie blieb nicht an seinem Tisch stehen.

Irgendwie unsympathisch, der Mann, dachte sie und löste ihren Blick von seinem Tisch. Sie wandte sich an den Restaurantmanager, um einen 'Geburtstagstisch' für sich und Rosa zu bestellen, mit Dekokram und Champagner.

Gegen 10 Uhr hatte sie bereits einen Großteil der Zimmer kontrolliert und traf sich wie vereinbart mit Rosa im Frühstücksraum zum Geburtstagsfrühstück. Aus der Hausapotheke hatte sie kurz vorher zwei Kopfschmerztabletten mitgehen lassen, legte je eine davon auf ihre Teller und grinste Rosa an. Dann sang sie leise und ein bisschen *schief* 'Happy Birthday to You'. Nach Umarmung und *Küsschen* ließen sie sich das Frühstück schmecken, den Champagner allerdings verkniffen sie sich.

„Ich will doch die tollen Orte sehen, die Du mir zeigen wolltest, und nicht gleich wieder betrunken ins Bett fallen! Den trinken wir heute Nacht um Mitternacht, wo es doch gestern nicht geklappt hat!", lachte das Geburtstagskind.

„Apropos, wo gehe ich denn heute hin? Was steht denn heute auf meinem Terminplan? Du kannst ja erst am Nachmittag, oder?" Sie schaute neugierig über ihre Teetasse.

_____

_____

_____

_____

_____

Glossar	Erklärung
gekleidet	*angezogen*
der Kram	*Gegenstände, Sachen, Zeug*
schief	*eigentlich schräg*
	hier: schlecht singen
das Küsschen	*der kleine Kuss*

Übung 10   Possessivpronomen

Ergänze den Text

a) Sie hatte sich auf Rosa und _____

gute Laune gefreut.

b) Sie sagte: Marc, gib mir bitte _____

Haustürschlüssel.

c) Der Nachbar hat _____ Hund im Garten.

d) Gebt mir bitte _____ Mäntel!

e) Die Kinder sind bei der Oma, heute haben wir

_____ Wohnung für uns allein.

„Es wird ein sehr heißer Tag, ich dachte an Vinohrady, die sogenannten königlichen Weinberge, das ist das Viertel, wo ich wohne. Da gibt es einen tollen Friedhof, der ist schon sehr alt und hat riesige alte Bäume, dort ist es kühl und ein bisschen romantisch, *verträumt* und sehr interessant. Was meinst du?"

„Ja, das klingt spannend. Letztes Jahr waren wir da oben auf dem Berg auf einem tollen Friedhof, wie hieß der noch?"

„Das ist der Friedhof in Vyšehrad. Dieser ist viel größer, du wirst sehen. Zum Mittagessen gehst du dann ins Restaurant zu Füßen des Fernsehturms in den Towerpark, da gibt es Hollywoodschaukeln, Fat Boy Sessel und Hängematten, das ist wie am Strand nur in der Stadt und ohne Meer. Wenn ich es schaffe, komme ich dahin, aber es wird wohl ein bisschen später werden, sorry. Ich habe erst ab morgen frei."

„Oh, cool, hört sich gut an. Kannst du mir bitte hier auf dem Stadtplan markieren, wohin ich gehen muss?" Während Marie in den Stadtplan zeichnete, betrachtete Rosa sie. Sie war immer noch eine attraktive Frau, wenn auch schon fast 50.

Wir Frauen sollten mehr Selbstbewusstsein haben, dachte sie. Wir lassen uns von diesem Schönheitsund Schlankheitswahn so verrückt machen. Ich bin immer noch ich, ob mit oder ohne *Falten*. Wo bleibt das breite Kreuz, die breiten Schultern? Wie fühlt sich das jetzt an, mit 50. Ja, wie fühlt man sich mit 50? Keine Ahnung. Nicht anders als gestern, ein bisschen *verkatert* vielleicht.

Sie hielt Marie ihr Handy hin und sagte: „Mach mal ein Beweisfoto!"

„Beweisfoto?"

Übung 11   Gegensätze ziehen sich an.

Wie heißen sie?

a) heiß   _____

b) hart   _____

c) dumm   _____

d) scharf   _____

e) dick   _____

f) arm   _____

g) gut   _____

Glossar	Erklärung
verträumt	wie im Traum
die Falte	längliche Unebenheit auf der Haut (Alterserscheinung)
verkatert	unter den Nachwirkungen eines Alkoholmissbrauchs leidend

_____

_____

_____

_____

_____

_____

_____

„Ja, der Beweis, dass man mit 50 immer noch so aussieht wie man aussieht." Marie lachte und fummelte etwas ungeschickt mit dem neuen Smartphone ihrer Freundin herum.

„Und, wie fühlst du dich mit 50?" Sie machte mehrere Selfies und ließ dann den Kellner ganz altmodisch von ihnen beiden ein Foto machen.

Rosa hörte kurz in sich rein und sagte spontan: „Stolz!"

Sie sah ihre Freundin überrascht an. Damit hatten beide nicht gerechnet, Rosa hatte immer ein bisschen Angst vor diesem Geburtstag gehabt, aber das war alles *Kokolores 🎻*. Was für ein wunderbares Gefühl! An einem wunderbaren Tag mit einer wunderbaren Freundin!

Sie fuhr mit der Metro zur Station Želivského, wo eine breite Straße den Friedhof teilt, auf der rechten Seite lag der jüdische Teil, wo sie ihren Ausflug beginnen wollte. Die Alleen von hohen Bäumen bildeten ein dichtes Dach aus Ästen und Blättern, man fühlte sich beschützt und behütet und man hatte außerdem das gute Gefühl, dass es ein paar Grad kühler war als draußen.

Mächtige, mit Efeu überwucherte Grabmäler reihten sich aneinander. Die Inschriften erzählten von vergangenen Zeiten, von geliebten Menschen, die hier ihre letzte Ruhe gefunden hatten. Manche Gräber und Grufte waren schief und heruntergekommen, andere herrschaftlich, frisch gesäubert und gepflegt.

Die kleinen Steine, die an den Rändern auf den Gräbern aufgereiht waren, fielen Rosa auf.

Manche legten gedanklich einen Wunsch unter einen Kiesel.

Redensart

Übung 12   Partizip Perfekt

              Bilde die korrekte Form:

a) sie lachte   <u>sie hat gelacht</u>

b) sie hörte   _____

c) sie fuhr   _____

d) sie sah   _____

e) sie begann   _____

f) sie fühlte sich   _____

g) sie erzählte   _____

h) sie fiel   _____

_____

_____

_____

_____

_____

_____

Nein, dachte sie, ich werde keinen Wunsch unter einen Stein legen. Ich bin heute einfach nur wunschlos glücklich.

In dem anderen Teil des Friedhofes auf der anderen Seite der viel befahrenen Straße beeindruckten vor allem die bunten Zigeunergräber mit den Blumen, Kerzen und Lampions. Sie genoss den langen Spaziergang in vollen Zügen. In vielen der großen schwarzen Grabsteinen war das Abbild des Verstorbenen eingemeißelt. Sie fand sogar einen Steinmetz mitten in der Arbeit an einem der Gräber und war beeindruckt.

Irgendwie war sie traurig, als sie am Ausgang angekommen war und es ihr klar wurde, dass sie hier diesen stillen, friedlichen Ort verlassen musste.

Zum Glück verirrten sich nur wenige Touristen nach Vinohrady, sodass die ruhige Stimmung nicht so schnell erschüttert wurde. Sie folgte dem Fernsehturm und fand das Restaurant, wo sie in einer der Hollywood-Schaukeln einen Snack zu sich nahm. Sie betrachtete die riesigen Alien-Babies, die an dem Turm 'herumkrabbelten'.

Die Seele baumeln lassen, dachte Rosa, so fühlt sich das an. Da sich Rosa in dieser Gegend ein bisschen auskannte, trafen sie sich vor Maries Wohnung am Platz Jiřiho Z Poděbrad, nur ein paar Gehminuten vom Fernsehturm entfernt. Sie gingen zur Abwechslung mal ohne viel zu reden über den Platz in die Korunní Straße, wo Marie ein kleines dunkles Geschäft ansteuerte.

Rosa dachte erst, der Laden sei geschlossen, aber nein. Ein schlaksiger junger Mann stand hinter einem Tresen mit Süßigkeiten und Zeitungen. Rosa war verwirrt. Was sollen wir denn hier?

Übung 13 Gefangen!

Finde neun Adjektive im

Schlangensatz und notiere sie.

mamricarmsocowenflaödnormalsoenvlpdickw-

llielautskddowlcvrvrlieverliebtösegrhungrigkl-

doeldoofskocleiseffeacpdkurzslcpenglsövd

1) _____

2) _____

3) _____

4) _____

5) _____

6) _____

7) _____

8) _____

9) _____

Während sie weiter in den Laden hineingingen, entdeckte Rosa in den Regalen und Auslagen wunderschöne Postkarten, Porzellan und jede Menge interessante Handarbeiten.

Während sie neugierig vor den Vitrinen stehenblieb, zog es Marie weiter in den hinteren Teil des Geschäftes und Rosa entdeckte einen kleinen Gastraum mit ganz unterschiedlichen Tischen und Stühlen und dahinter einen kleinen Wintergarten mit einem angeschlossenen offenen Garten. Total versteckt!

„Na das ist ja eine Überraschung!", rief sie aus. Marie hatte ihre Freude, das war deutlich auf ihrem grinsenden Gesicht zu sehen.

Sie erklärte mit Stolz: „Eine Trafika ist sowas wie ein Kiosk in Deutschland. Da kann man Zeitungen, Zigaretten und alles Mögliche kaufen. Diese hier nennt sich Dobra Trafika, und dobra heißt gut. Hier gibt es keinen supertollen Service oder supertolles Essen, aber Hausmannskost und guten Kaffee." Und nicht so viele Touristen, fügte sie in Gedanken hinzu.

Wenn man sie fragte, was sie sich wünschen würde, wenn sie drei Wünsche frei hätte, wäre die Antwort: einen Tag in Prag ganz ohne Touristen. Und natürlich den Weltfrieden.

Sie setzen sich an einen robusten Holztisch und Rosa zeigte die Fotos, die sie an diesem Tag gemacht hatte und ließ den Vormittag Revue passieren. Sie hatte auch einige Fotos gemacht, ganz traditionell mit einer Kamera und freute sich über die schönen gelungenen Aufnahmen, die die Atmosphäre perfekt eingefangen hatten.

„Und du? Wie war dein Tag bisher?"

Marie verfiel in Schweigen. Rosa stieß sie mit dem Ellenbogen an.

Übung 14   Setze die Präpositionen ein.

a) Ich habe keine Angst _____ Hunden.

b) Die Mutter kümmert sich ____ seine Wäsche.

c) Sie hat sehr_____ den Komiker gelacht.

d) Es handelt sich _____ ein Missverständnis.

e) Verstehst du dich _____ dem neuen Chef?

f) Bitte wenden sie sich _____ meine Sekretärin.

g) Ich habe kein Interesse _____ Handball.

Schreib deine eigenen Sätze mit:

a) Angst haben vor   b) sich kümmern um

c) lachen über   d) sich handeln um

e) sich verstehen mit   f) sich wenden an

g) Interesse haben an

_____

_____

_____

_____

_____

_____

„Nun? Hast du wieder Miss Marple gespielt?" Sie kannte ihre Freundin einfach zu gut. Wenn sie mal auf einer 'Spur' war, konnte sie nichts mehr davon abbringen. Und ihre Intuition hatte ihr schon oft genug Recht gegeben.

„Ja, warte mal, mir *geht da gerade etwas durch den Kopf*. Manchmal registriert man etwas, nur um später zu verstehen, was es bedeutet, du kennst das sicher. Ich habe eben das Zimmer neben deinem als letztes Zimmer kontrolliert, du weißt, das Zimmer vom mysteriösen Mann. Und mir ist etwas auf seinem Schreibtisch aufgefallen: Eintrittstickets für die Nationalgalerie."

„Und was ist daran so ungewöhnlich? Der Mann interessiert sich für Kunst. Ist doch toll." Rosa nippte wenig überzeugt an ihrem leckeren Milchkaffee. Manchmal spinnt die echt ein bisschen, dachte sie und schaute die Freundin von unten an. Sie sah aus, als kostete sie das Nachdenken tatsächlich Kraft und Kalorien.

„Na ich hätte nicht zweimal drauf geschaut, wenn er mit seiner Frau im Hotel wäre, aber er ist definitiv alleine. Dann habe ich nochmal geschaut und gesehen, dass die Tickets verschiedene Daten haben. Der war gestern UND heute in *ein-und-derselben* Galerie!"

„Sorry. meine Liebe, aber du siehst jetzt echt Gespenster."

Rosa hatte von dem Thema schon die Nase voll. Ich habe schließlich heute runden Geburtstag, da will ich nicht über irgendwelche *wildfremden* Männer sprechen. Sie fühlte sich ein bisschen vernachlässigt.

„Hast du auch seine Garderobe und seinen Koffer untersucht, so mit Gummihandschuhen und Lupe?"

Sie machte sich schon ein bisschen lustig.

Redensart

sich etwas durch den Kopf
gehen lassen — *sorgfältig nachdenken über*
etwas geht einem nicht
aus dem Kopf — *in Gedanken immer an einer*
bestimmten Sache sein
ein-und-derselben — *emotionale Verstärkung des*
Wortes derselbe
wildfremd — *ebenfalls eine emotionale*
Verstärkung des Wortes fremd

Übung 15   Was passt nicht?

Streiche das schwarze Schaf

Notiere dir die unbekannten Vokabeln

a) trinken, nippen, spucken

b) uninteressant, langweilig, langsam

c) nachdenken, sich durch den Kopf gehen lassen,

vergessen

d) schielen, schauen, blicken

e) unterschiedlich, betrunken, verschieden

f) beliebt, bestimmt, definitiv

_____

_____

_____

_____

41

Aber Marie ließ so schnell nicht locker, sie hatte die Verbissenheit eines Pitbulls.

„Das ist doch *merkwürdig* ℞. Erst tut er so als sei er ein Besucher der tschechischen Zentrale von Hertz. Reist am Wochenende an, das ist ja auch für einen Geschäftsreisenden eher ungewöhnlich und dann geht er bei diesem Wetter ganz in schwarz gekleidet beide Wochenendtage in dieselbe Ausstellung. Das ist doch *verdächtig*! Wer weiß, vielleicht ist der ein Krinimeller!"

„Marie, es heißt Krimineller. Und du siehst immer noch Gespenster. Oder liest du immer noch diese Bücher über Serienmörder und solche Gestalten?"

„Ja, ja, lach nur. Aber der Typ ist irgendwie *komisch* ℞. Den riech' ich nicht." Sie schüttelte den Kopf und rümpfte die Nase.

„Wie, den riechst du nicht? Ach so, du meinst, den *kannst du nicht riechen* ℞, ja, verstehe. Man, ich glaube es ist an der Zeit, dass ich herziehe, damit du wieder richtiges Deutsch sprichst!"

Ein kleines bisschen *beleidigt* antwortete diese: „Ja, das ist wieder typisch du, Frau Oberlehrerin! Du wusstest schon immer alles besser. Bei der deutschen Sprache stimmt das ja leider", gleichzeitig lachte sie versöhnlich. So richtig böse konnten sie sich eigentlich nicht werden.

„Morgen rufe ich in jedem Fall bei der Firma an und *erkundige* mich. Das *brennt mir unter den Nägeln* ℞."

Da sie merkte, dass sie ihrer Freundin *auf die Nerven ging* ℞, wechselte sie das Thema. Sie sprachen lange über ihre Tochter, die nun auch schon verheiratet war und das erste Kind bekommen hatte.

Redensart

jmd. nicht riechen können hat nichts mit der persönlichen Hygiene eines Menschen zu tun, man kann diesen Menschen nicht leiden.

etwas ist merkwürdig im Umgangssprachlichen Deutsch hört man auch oft: das ist komisch. In diesem Kontext hat es mit Komik nichts zu tun, sondern bedeutet merkwürdig.

etwas brennt unter den Nägeln etwas ist sehr eilig, dringend. Mönche klebten sich früher kleine Kerzen auf die Daumennägel, um in der dunklen Frühmesse sehen zu können, die nach der Messe eilig abgekratzt wurden, damit die Nägel nicht anbrennen konnten.

auf die Nerven gehen nerven

Glossar	Erklärung
verdächtig	*unter dem Verdacht stehend*
die Nase rümpfen	*die Haut des Nasenrückens hochziehen*
beleidigt	*verärgert, verletzt*
sich erkundigen	*nachfragen*

Übung 16   Ergänze die Nachsilben

-or -keit -tur -nis -ist -schaft -er -ion

Aber bitte mit Artikel ☺

_____ Freund. _____ _____ Kommentat__

_____ Komik. _____ _____ Bedürf_____

_____ Emot_____ _____ Tor_____

_____ Einsam_____ _____ Moral_____

43

Nach dem Kaffee gingen sie in Maries Wohnung, um sich für den Abend *schick zu machen* für das Geburtstagsabendessen im Restaurant Aromi, gleich um die Ecke. Marie hatte das Kleid und die Schuhe für Rosa aus dem Hotel mitgenommen, damit sie nicht wieder ins Zentrum und retour nach Vinohrady hin- und herfahren mussten.

Ihre Wohnung lag in einem wunderschönen alten Ziegelhaus im dritten Stock. Eine typische Wohnung in diesem Viertel: Man kam in einen quadratischen großen Flur, geradeaus Toilette und Badezimmer und zu beiden Seiten je zwei Zimmer. Nach Norden hatte Marie ihr Schlafzimmer und die Küche und zur Straßenseite Wohnzimmer und Esszimmer mit Balkon.

„Du hast jetzt das Klavier im Esszimmer, wie schön. *Klimperst* du auch fleißig?" Das Klavier stand jetzt neben dem Sofa und über dem Klavier hatte sie alte Bilder der Familie aufgehängt. An der Decke hingen Luster aus den 20er Jahren. Die ganze Wohnung war ein Mix aus alt und neu, antik und Ikea, aber *gemütlich* und wohnlich.

Rosa ging langsam durch alle Räume, auch sie war neugierig. Marie besuchte gern Basare und Antikgeschäfte und fand immer kuriose Dinge, die ihre Regale füllten. Hat schon fast was Messyhaftes, dachte sie. Aber immerhin war es absolut sauber, also bestand nicht wirklich die Gefahr, dass sie *verwahrloste*.

Marie nahm noch eine kurze Dusche und Rosa *stöberte* im Bücherregal. Sie wusste, dass ihre Freundin in Deutschland immer als erstes zu Hugendubel ging, sie war ein richtiger *Bücherwurm* 𝓡. Daher war auch ihr Deutsch so hervorragend.

Ob ich das mit der tschechischen Sprache auch so gut hinkriege? Sie bezweifelte es. Sehr sogar.

Glossar	Erklärung
sich schick machen	*sich schön anziehen*
klimpern	*salopp für:*
	Klavier spielen
gemütlich	*angenehm, komfortabel*
verwahrlosen	*an Ordnung und Sauberkeit*
	mangeln
stöbern	*durchsuchen*

Redensart

Bücherwurm	*Jemand, der Bücher liebt*
Ohrwurm	*ein Lied, das einem nicht aus*
	dem inneren Gehör geht

Übung 17 Beschreibe dein Zimmer!

Nutze die Präpositionen auf, neben,

unter, in, an, über

_____

_____

_____

_____

_____

_____

_____

_____

Nicht, dass sie ein Problem mit Sprachen hatte, nein. Aber die tschechische Sprache hat so ihre *Tücken*. Das wusste sie schon. Ein Freund von Marie, ein Engländer, sagte immer: Jacuzzi anstatt Děkuji für „danke", weil er sich das richtige tschechische Wort nicht merken konnte. Die Reaktion darauf waren immer eine *gerunzelte* Stirn und ein sehr böser Blick!

Zum Glück ist ja die deutsche Grammatik ähnlich komplex wie die Tschechische. Es musste für Englischsprechende schwer sein zu verstehen, warum es mal 'auf *den* Tisch' und mal 'auf *dem* Tisch' hieß! Aber auch die Aussprache machte ihr Angst. Und auch die Geschwindigkeit, mit der viele Tschechen sprachen. Sie bemühte sich immer, wenigstens ein Wort zu verstehen, aber mit wenig Erfolg. Noch.

Ihr Lieblingswort im Tschechischen war: čtvrtek. Das heißt Donnerstag. Sieben Buchstaben und nur ein einziger Vokal! Und dann der Buchstabe Ř, ein gerolltes R in Kombination mit einem S! Naja, man braucht Herausforderungen im Leben, dachte sie und zog sich ihr neues Kleid über den Kopf. Immerhin, die Tage der Woche, Begrüßung und Verabschiedung und ein paar Sätze hatte sie schon im *Repertoire* ℛ.

Sie hörte Marie die Dusche ausmachen. Schnell kramte sie ihr *Schminktäschchen* ℛ aus der Handtasche, um ein bisschen *Bauernmalerei* ℛ anzubringen. Viel anmalen mochte sie sich nicht, sie war optisch ein typisch deutsches Fräulein, blond, blaue Augen. Ihre Freundin dagegen hatte dicke, dunkle Haare und braune Augen und konnte Make-up vertragen. Bei mir sähe das aus, als ginge ich auf die Straße, dachte sie belustigt.

„Willst Du mein Parfum probieren, Rosa?"

Glossar	Erklärung
die Tücke	versteckte erschwerende Eigenschaft einer Sache
runzeln	in Falten legen

Redensart

im Repertoire	eine Sache besitzen oder können Wir haben in der deutschen Sprache jede Menge französische Worte, die auch meist Französisch ausgesprochen werden.

Weitere Beispiele:
das Portemonnaie	_____
die Etage	_____
das Ensemble	_____
das Flair	_____

Schmicktäschchen	Die Endung -chen macht eine Sache klein und niedlich. Der Artikel dazu ist immer 'das'. (Wenn es mal eine feste Regel ohne Ausnahme gibt, wollen wir sie auch nennen!))
Bauernmalerei	Eigentlich: Verzierung von Möbeln mit bäuerlichem Flair. Hier: ironisch gemeint ist das Schminken

_____

_____

_____

„Damit ich so rieche wie du? Nein danke!" Wie in allen Dingen war Rosa auch ihrem Parfum treu und benutzte nur eines. Sie pflegte zu sagen: Zu mir passt nur ein Parfum, und das heißt Angel!

Nachdem sie sich den Schlüssel *geschnappt* hatten, gingen sie los, um einen wunderbaren Abend zu verbringen. Das Restaurant war nur zehn Gehminuten von der Wohnung entfernt und besonders wegen des freundlichen Services eine ihrer festen Anlaufpunkte in Prag. Leider war Dienstleistung noch immer ein Schwachpunkt in Tschechien, umso mehr musste man die Läden unterstützen, wo guter Service zum Standard gehörte. Und natürlich auch das gute italienische Essen machte das Restaurant unwiderstehlich. Und natürlich auch der gute Prosecco!

Aber es ging auch in Prag anders. Ein besonderes Erlebnis kam Marie in den Sinn.

„Ich hatte mal eine kleine Operation und musste die Fäden gezogen bekommen. Keiner meiner Ärzte war da und ich wollte nicht einfach in ein Krankenhaus gehen. Da bin ich zufällig an einer Schönheitsklinik vorbei. Hab mir gedacht, wenn sich jemand mit Fäden auskennt, dann die Schönheitschirurgie."

„Und, bist Du da einfach so *hineinspaziert*?"

„Ja, habe höflich gefragt und nach einer halben Stunde kam ein Arzt mit grauen Haaren und hat mir sehr liebevoll die Fäden gezogen. Als er mir seine Visitenkarte *überreicht* hat, bin ich fast in Ohnmacht gefallen. Das war einer der bekanntesten Schönheitschirurgen des Landes!"

„Nein!"

„Doch! Und als ich ihn fragte, was ich bezahlen darf, antwortete er: Bezahlen Sie mich mit Ihrem Lächeln."

Glossar	Erklärung
schnappen	*greifen, nehmen*
hineinspazieren	*salopp für: hineingehen*
überreichen	*förmlich übergeben*

Übung 18   Konjunktiv

Möglichkeitsform
und Form der indirekten Rede

a) Es sieht so aus als ob es gleich (regnen) <u>regnen</u>

<u>würde/ regnete.</u>

b) Mark behauptet, sein Bruder (sein) _____

älter als er.

c) Meine Mutter behauptet, ich (sehen)

_____ aus wie ihre kleine

Schwester.

d) Wenn ich im Lotto (gewinnen) _____,

(kaufen) _____ ich mir ein neues

Fahrrad _____.

e) Was hat er gesagt, wann der Zug (kommen)

_____

f) Und die neue Lehrerin hat behauptet ich

_____ (sein) faul?

„Das gibt's doch nicht!"

„Das ist so als ob dir in Deutschland Professor Mang die Fäden zieht!"

„Respekt, das ist ja toll."

„Es gibt sie noch, die Gentlemen der alten Schule." Marie lächelte den Kellner an, der sie schon ankommen gesehen hatte und ihnen die Tür offenhielt. Im Restaurant allerdings *fror* dieses Lächeln ein. 'Ihr' Tisch war besetzt. Eine Katastrophe!

Nach einer kurzen Diskussion und dem Hinweis auf den besonderen Geburtstag und die festliche Kleidung wurden die zwei Menschen von 'ihrem' Tisch tatsächlich an einen anderen Tisch umgesetzt! So etwas passierte einem nur mit Marie. Obwohl die beiden umgesetzten Gäste etwas genervt zu ihnen herüber schauten, *amüsierten* sie sich prächtig.

Mehrere Kellner begrüßten sie persönlich, ein ganzes Tablett mit Fischen wurde präsentiert und einen Seebarsch in der Salzkruste und eine Flasche Prosecco später ging das Licht aus und die Restaurantcrew kam 'Happy Birthday' singend mit einer Torte an ihren Tisch. Das ganze Restaurant schaute zu ihrem Tisch.

Rosa wurde ein bisschen rot, die Nebentische gratulierten ebenfalls, sogar die Gäste, die ihretwegen umgesetzt worden waren, schienen nun Verständnis zu haben, kamen sogar an ihren Tisch und gratulierten mit Handschlag. Natürlich bekamen sie vom Restaurantmanager noch zwei Gläser Champagner angeboten. Ein göttlicher Abend, den sie so schnell nicht vergessen würden.

Sie entschieden sich dafür, mit dem Taxi ins Hotel zu fahren und noch ein letztes Glas Champagner in ihrem schönen Zimmer mit Blick über die Stadt zu trinken.

Glossar	Erklärung
frieren	*Kälte empfinden*
	hier: Das Lächeln wird im
	Gesicht zu Stein
sich amüsieren	*Spaß haben*

Übung 19   Wir sind faul! Vergiss das Subjekt!

a) Das macht gar nichts! <u>Macht nix(=nichts)</u>

b) Ich rufe dich an! _____

c) Das kann nicht sein! _____

d) Das ist doch nicht schlimm! _____

e) Das stimmt so! 𝒭 _____

f) Ich komme morgen! _____

𝒭edensart
stimmt so	*etwas ist richtig*
	auch: beim Zahlen im
	Restaurant, wenn das Rückgeld
	das Trinkgeld sein soll

_____

_____

_____

Im Hotel angekommen entschieden sie sich gegen einen Barbesuch, obwohl beide heimlich gern noch einen Becherovka *gekippt* hätten, das Abendessen war ganz schön viel gewesen. Im Zimmer dann aber konnte Rosa die Finger nicht von der Minibar lassen und nahm zwei kleine Fläschchen Becherovka heraus. Gläser fand sie im Schrank und spülte sie einmal kurz im Waschbecken.

„Zwei Idioten, ein Gedanke", lachte die Andere. Sie öffnete die großen Fenstertüren und ließ die frische Abendluft herein.

Die Aussicht wurde im Funkeln der Lichter noch romantischer und schöner als am Tag. Die angestrahlte Prager Burg schien über die Stadt zu wachen. Man konnte sich an diesem Anblick einfach nicht sattsehen. Sie standen beide schweigend am Fenster, beeindruckt von der Schönheit der Stadt.

„Hörst du das?" Hörbar öffnete sich ein Fenster irgendwo in ihrer Nähe und etwas klapperte. Marie lehnte sich vor und versuchte etwas zu sehen. Aber das Zimmer lag in der Mitte des Hauses, das halbrund gebaut war.

„Vorsichtig, du fällst noch aus dem Fenster! Fang jetzt nicht schon wieder an zu schnüffeln! Wir sind nicht die Einzigen, die die Aussicht genießen." Rosa zog sie am Gürtel wieder in das Zimmer.

„Schon gut, ich sag nichts mehr. Los, nicht lang schnacken, Kopf in den Nacken!" Sie stürzten den Becherovka runter und da sie im Restaurant schon den Prosecco, je zwei Grappas und noch ein Glas Champagner getrunken hatten, lagen sie schon bald wieder schnarchend *in den Federn*.

Das mit dem Champagner um Mitternacht wollte mal wieder nicht klappen.

Übung 20   Komparativ: Schön, schöner, Prag!
                 Ergänze

schön	schöner	am schönsten
	jünger	
		am längsten
alt		
	romantischer	
		am klügsten
gut		
	lieber	

Übung 21   Hörbar? Erträglich?

a) Was man hören kann, ist _____

b) Was man trinken kann, ist _____

c) Was man essen kann, ist _____

d) Was man ertragen kann, ist _____

e) Was man fühlen kann, ist _____

f) Was man akzeptieren kann, ist _____

53

Alles verstanden?

Hier ein paar Fragen zum Textverständnis:

2. Kapitel: Der Königliche Weinberg

Was stimmt?

a) Marie wohnt auf dem Weinberg.

b) Marie hat an diesem Tag Geburtstag.

c) Bei dem letzten Besuch waren die beiden
   Frauen auf dem Friedhof von Vyšehrad.

d) Der Hotelgast ist ganz in grau gekleidet.

e) Kokolores ist das tschechische Nationalgericht.

f) Wenn nichts los ist, ist niemand da.

g) „Trafika" ist eine Art Kiosk.

h) „Děkuji" heißt „Auf Wiedersehen".

i) Rosa ist bei Marie zuhause zum Abendessen
   eingeladen.

j) Die Damen trinken Champagner um
   Mitternacht.

Kapitel 3

Ein Schlag ins Kontor

Der nächste Morgen war ebenso strahlend wie der davor. Die Sonne stand an einem *knallblauen* Himmel und es war spürbar, dass es wieder ein sehr warmer Tag werden würde. Marie hatte nun ein paar Tage frei, aber da sie eh im Hotel war, würde sie es sich nicht nehmen lassen, stichprobenartig ein paar Zimmer zu checken und auch an der Rezeption und im Restaurant *nach dem Rechten zu sehen*.

Wieder stand sie leise auf und ließ ihre Freundin noch ein bisschen schlafen, sie hatte ja Urlaub. Marie lief Flur um Flur nach unten, nicht ohne in alle Ecken und Winkel zu schauen, ob alles in Ordnung war und ob ihre Kolleginnen auch fleißig arbeiteten und nicht wieder *ins Quatschen kamen.*

Sie liebte ihre Arbeit, zum einen der Umgang mit den Menschen, zum anderen kam es ihr vor, als sei es ihr Hotel. Montagmorgen war immer etwas weniger los, weil die Touristen meistens am Sonntag abreisten und die Geschäftsreisenden erst während der Woche anreisten. Das spürte man im ganzen Haus.

Auch im Restaurant *herrschte angenehme Ruhe.* Es gab nur drei Gäste, einer von ihnen war der geheimnisvolle Mann aus Zimmer 709. Den sehe ich mir jetzt mal genauer an, dachte sie.

knallblau	*hat nichts mit Knall oder Explosion zu tun, sondern ist eine emotionale Verstärkung. Knallblau bedeutet besonders blau, besonders schönes blau*
auch: knallvoll	*Jeder Platz ist besetzt, Das Restaurant ist knallvoll*
knallvergnügt	*Dieses Wort ist eine Erfindung eines Deutschen Dichters*

Übung 22   Knallvergnügt

Wie heißen Gedicht und Dichter?

_____

Lies das Gedicht und notiere dir unbekannte Worte. Der Dichter spielt herrlich mit Worten. Sieh dir auch andere Gedichte von ihm an.

_____

_____

_____

_____

*K*ollokation

nach dem Rechten sehen	*Hat nichts mit rechts oder links zu tun, es bedeutet: nachsehen ob alles in Ordnung ist*
ins Quatschen kommen	*Sich verleiten lassen, zu reden, zu tratschen, zu lästern*
Ruhe herrschen	*Eine ruhige Atmosphäre besteht*

Neugier *gewann die Überhand* 𝒦, mal wieder. Sie ging durch die Hintertür aus dem Restaurant, um durch die angelehnte Tür den Mann zu beobachten. Heute hatte er normale Klamotten an, ein Paar Jeans und weiße Turnschuhe, ein hellblaues Polohemd.

Alles an ihm wirkte angespannt. Sie bemerkte auch, wie durchtrainiert der Mann war. Den würde ich gern mal ohne Klamotten sehen, dachte sie, als ihr jemand auf die Schulter tippte. Sie fuhr erschrocken herum, nur um ihren Chef vor sich zu sehen.

„Na, wen spionieren sie denn mal wieder aus? Sie sehen aus als hätten sie gerade einen nackten Mann gesehen!“ Der Chef grinste und zu seinem großen sichtlichen Vergnügen wurde Marie knallrot. Er schaute durch die Tür und überblickte das Restaurant mit seinem Scannerblick. Auch ihm entging nichts.

„Also, so langsam *werden sie ein bisschen schrullig* 𝒦, oder? Da gibt es rein gar nichts zu sehen. Ein paar Touristen beim Frühstück. Was soll das?“ Er schüttelte den Kopf, aber er wartete auch keine Antwort ab.

„Sie haben doch heute frei, wollten sie nicht einen Ausflug mit ihrer Freundin machen? Wie gefällt es ihr denn hier, gefällt ihr das Zimmer? Sie haben sie mir noch gar nicht vorgestellt“, sagte er ein wenig beleidigt. Wie jeder Hoteldirektor hatte auch er ein etwas vergrößertes Ego.

„Sie kommt gleich runter, dann stelle ich sie ihnen vor.“ Es war ihr schon klar gewesen, dass er ein wenig beleidigt sein musste. Immerhin war Rosa schon zwei Nächte in „seinem“ Hotel und hatte sich nicht ordentlich bei ihm vorgestellt. Sie hatte ein klein bisschen ein schlechtes Gewissen.

Kollokation
Überhand gewinnen   *die Kontrolle übernehmen*
schrullig werden   *merkwürdiges Verhalten zeigen*

Übung 23   Vergrößere!

a) groß   vergrößern

b) klein   _____

c) tief   _____

d) lang   _____

e) kurz   _____

f) hoch   _____

Es gibt eine Redensart:

Du kannst dein Leben nicht verlängern noch

verbreitern, nur vertiefen.

_____

_____

_____

_____

_____

Die Hintertür des Restaurants hatte sie mittlerweile geschlossen, damit man sie nicht im Restaurant hörte und sie die Gäste nicht beim Frühstück störten.

Sie hörte sich den neusten Klatsch und Tratsch der letzten Tage an, im Hotel gab es immer was zum *Schmunzeln*. Und Neugier ist ja eine allzu menschliche Regung, oder nicht? Ein neuer Mitarbeiter war im Lift stecken geblieben und hatte 'aus Durst' zwei Biere und einen Becherovka aus dem Minibarwagen getrunken. Ein Unfall in der Küche und eine Verzögerung der Frischwäsche. Keine besonderen Vorkommnisse. Sollte sie ihn wegen der Reservierung von dem Mann aus Zimmer 709 fragen? Nein, sie *beschloss* direkt bei der Firma anzurufen, sobald sie endlich ihren Chef unauffällig losgeworden war.

Was sie in die Tat umsetzte und Rosa dann beim Frühstück berichtete, dass diese Firma in dieser Woche keinen Besuch habe. Aber sie konnten nicht länger darüber diskutieren, denn der Chef kam und wollte begrüßt werden. Sie baten ihn, sich zu ihnen zu setzen und er ließ sich nicht zweimal bitten.

„Herzlich willkommen, ich hoffe wir können sie ordentlich verwöhnen", er war ein echter Entertainer und erzählte und unterhielt seine Gäste gern und sehr professionell.

„Es gab heute einen Raub in der Nationalgalerie, der Direktor ist mein bester Freund, der hat mich gerade angerufen. Der arme Kerl ist *total durch den Wind ✗*, ich habe ihm gesagt er soll herkommen, damit ich mich um ihn kümmern kann. Vorort ist die Polizei und alles ist abgeriegelt, da kann er eh nichts machen."

Die Frauen machten *Spiegeleier-Augen*.

Übung 24   Kollokationen

1) die feste Absicht   a) leisten

2) einen Beitrag   b) aufnehmen

3) eine Entscheidung   c) stillen

4) den Hunger   d) treffen

5) Kontakt   e) äußern

6) seine Meinung   f) haben

Was bedeuten diese Verbindungen?

☐ Sich satt essen_____

☐ An einem Ziel im Team arbeiten _____

☐ Etwas wirklich vorhaben _____

☐ Seine eigene Meinung sagen _____

☐ Etwas entscheiden _____

☐ Einen Kontakt aufbauen _____

Kollokation
total durch den Wind sein   total verwirrt sein, wie zerzauste
                            Haare
Spiegeleier-Augen   große Augen, bei denen die Iris
                            im Augenweiss wie das Gelbe im
                            Spiegelei aussieht

„Was? Aber heute ist doch Montag!"

„Montag? Was hat das mit Montag zu tun? Ich *versteh gerade nur Bahnhof* ✗!" Rosa schaute wie beim Tennis von ihrer Freundin zu deren Chef verständnislos von rechts nach links und zurück.

Ungeduldig erklärte Marie ihrer Freundin, dass die Museen in Prag am Montag geschlossen seien.

Dann wandte sie sich aufgeregt an ihren Chef.

„Was wurde denn gestohlen?"

„Na, irgendwelche alte Schinken, ich weiß es auch nicht genau, aber Dr. Tkačík wird es uns gleich erzählen", der Hotelboss stibitzte sich eine Tomate von Maries Teller.

Der *hat echt die Nerven weg* ✗, dachte sie. Sind ja auch nicht seine 'alten Schinken'. Den Museumsdirektor wird das nicht so *kalt lassen* ✗. Sie kannte den kleinen Mann und sein dünnes Nervenkostüm schon lange. Das wurde sicher gleich theatralisch mit ihm. Und hatten die gar keine gescheite Alarmanlage? Wachmänner? Das muss der absolute Supergau für jede Security-Firma sein.

„Der gute Dr. T. hatte heute morgen eigentlich eine Sonderführung für eine Schulklasse aus England durch sein Heiligtum geplant und daher schon heute den Diebstahl bemerkt. Normalerweise wäre der Diebstahl erst morgen bemerkt worden."

In diesem Moment flog die Eingangstür des Hotels auf und ein kleiner, schwarz gekleideter Mann mit zerzausten Haaren und einem weinroten Schal um den Hals rannte hektisch auf die Rezeption zu, um wild *mit den Händen zu fuchteln* ✗ und laut nach dem Hotelboss zu rufen.

„Karl, Karl wo bist du!"

Übung 25   Pluralformen

a) das Museum _____ die Museen _____

b) der Wald _____

c) die Diva _____

d) der Vogel _____

e) die Mutter _____

f) das Examen _____

Kollokation

nur Bahnhof verstehen	*absolut nichts verstehen*
die Nerven weg haben	*so ruhig sein, als hätte man keine Nerven*
etwas lässt jmd. kalt	*etwas interessiert jemanden überhaupt nicht*
mit den Händen fuchteln	*Die Hände und Arme in die Luft werfen*

_____

_____   _____

_____

_____

_____

_____

_____

Dieser sprang auf, um seinem Freund entgegenzugehen und ihn vom Schreien abzuhalten, aber auch in seiner Umarmung war der kleine Kerl kaum zu bändigen. Marie ging in die Bar, um eine Flasche Becherovka und vier eisgekühlte Gläser zu holen. Den brauchten sie jetzt alle. Zum Glück war das Restaurant mittlerweile leer und niemand wurde durch die Aufregung gestört.

Es dauerte eine Weile, bis man die wirren Äußerungen des zitternden Dr. Tkačík verstehen konnte. Offensichtlich hatten die Diebe die hochkomplizierte Alarmanlage außer Gefecht gesetzt, drei großformatige Kostbarkeiten in Öl aus den Rahmen geschnitten und die Bilder durch Drucke ersetzt, die man in die leeren Rahmen geklebt hatte. Das wäre am Montag den Wachmännern nicht weiter aufgefallen, aber der Museumsdirektor hatte den Diebstahl natürlich sofort bemerkt. Er war geradezu in seine Arbeit verliebt und wenn er Zeit hatte, spazierte er durch seine heiligen Hallen und sprach -leise- mit seinen Gemälden, damit die Wachleute ihn nicht für verrückt hielten.

„Aber ihr seid doch gut versichert, oder?“, versuchte der Hotelboss seinen Freund zu beruhigen. Er war eben ein Pragmatiker *durch und durch* ℛ.

„Dieser Verlust ist durch *kein Geld der Welt* ℛ zu ersetzen.“ rief der Dr. und warf theatralisch die Arme in die Luft. Er war wirklich äußerst verzweifelt. „Das war sicher Auftragsarbeit. Jetzt verschwinden meine Schätze in einer privaten Sammlung und werden nie wiedergesehen.“

Marie machte ihrer Freundin ein Zeichen, hier zu verschwinden. Sie hatte einen dringenden Verdacht und wollte sofort mit ihr unter vier Augen sprechen.

Redensart
durch und durch   von Kopf bis Fuß, total, ganz
kein Geld der Welt   viel Geld

Übung 26   Blick in die Zukunft.

Was wirst Du tun?

Ergänze.

a) Wir _____ am Montag nach Paris fliegen.

b) _____ Du heute in die Schule gehen?

c) Wenn ich groß bin, _____ ich Pilot!

d) Er _____ nicht mehr zur Tanzstunde
   gehen.

e) Was _____ mein Mann dazu sagen?

f) Ihr _____ sicher wieder in die Türkei
   reisen, oder?

_____

_____

_____

_____

_____

_____

_____

_____

_____

Die beiden Herren bemerkten nur nebenbei, dass ihre Damen den Tisch und den Raum verließen. Marie schob ihre Freundin unsanft in den Lift und konnte kaum die Worte in ihrem Mund behalten. Im Zimmer platzte es dann aus ihr heraus:

"Das war ER!", sie sah Rosa mit wissendem Gesichtsausdruck und nickendem Kopf an. Diese verstand wieder nur Bahnhof und das nervte sie langsam.

„Wer denn?"

Sie setzte sich auf das Sofa und klopfte auf die Kissen.

Marie verdrehte die Augen und sagte, „Na dein Nachbar, verdammt!"

„Was hat mein Nachbar damit zu tun, der ist Schaffner bei der Deutschen Bahn!", sie rollte mit den Augen.

„Man, der Typ hier in dem Zimmer nebenan!" Rosa ist manchmal wirklich langsam im Kopf! In ihrem Kopf machte jetzt alles Sinn. Die zwei Galeriebesuche, der merkwürdige Dresscode, die Lügen...

„Pass auf. Der Mann kommt am Samstag an und behauptet für eine hiesige Firmenniederlassung zu arbeiten, geht an beiden Wochenendtage in das Museum, wo der Diebstahl stattgefunden hat. Am Montag ist das Museum geschlossen, d.h. er hat den ganzen Tag Zeit, die Bilder außer Landes zu schaffen, bevor überhaupt jemand bemerkt, dass diese Bilder fehlen. Wir müssen die Bilder finden, sie müssen in seinem Zimmer sein."

Langsam ging Rosa ein Licht auf.

Ja, das machte natürlich Sinn. Auf der anderen Seite, wie wahrscheinlich war es, dass neben ihr ein Kunstdieb wohnte. Wie auch immer, jetzt wollte auch sie es genau wissen.

Übung 27 Gegenteil

Bilde das Gegenteil mit un-, in-, a-

a) sanft _____

b) schön _____

c) akzeptabel _____

d) formell _____

e) typisch _____

f) sympathisch _____

_____

_____

_____

_____

_____

_____

_____

_____

_____

_____

_____

_____

„Du, ich kann doch hier aus dem Fenster über den Sims zu seinem Zimmer hinüberklettern und nachsehen."

Marie starrte sie ungläubig an.

„Na jetzt bist ja wohl du der Dödel, ich habe doch den Generalschlüssel und kann in jedes Zimmer rein!" Da mussten beide kichern und ein wenig Spannung fiel von ihnen ab.

„Ok, dann lass uns nachsehen, ob er noch in seinem Zimmer oder irgendwo im Haus ist. Wenn nicht, durchsuche ich das Zimmer und du *stehst Schmiere*."

Gesagt, getan. Als Hausdame war es nicht ungewöhnlich, dass Marie an eine Zimmertür klopfte. Zu ihrem großen Missfallen öffnete der Gast Nummer 709 seine Zimmertür mit seiner Zahnbürste im Mund. „Hausdame, ich komme später wieder", sagte sie und ging in Rosas Zimmer zurück.

„Er ist im Zimmer", sagte sie nachdenklich.

„Wenn du Recht hast mit deinem Verdacht, dann wird er heute die Bilder verschicken. Sicher hat er einen Komplizen. Was, wenn der die Bilder versteckt hat?"

Rosa begann, Spaß an diesem Spiel zu haben.

„Einen Komplizen hat der auf alle Fälle. Wahrscheinlich einen der Wachmänner. Aber die werden sicher als erstes überprüft, damit man sie ausschließen kann. Mach mal die Tür einen Spalt weit auf, dann hören wir, wenn er weggeht."

„Gute Idee. Und was machen wir, wenn er geht?"

„Wir teilen uns auf. Du folgst ihm und ich suche die Bilder in seinem Zimmer. Was meinst du?"

„Guter Plan."

Redensart

bei etwas Schmiere stehen   *Bei etwas Illegalem*
Wache stehen, aufpassen (kommt von
dem hebräischen Wort schimra = Wache)

Übung 28   Kollokationen

Was gehört zusammen?

1) dicke   a) Herzens

2) das schlagende   b) Freunde

3) eine enge   c) Argument

4) erneuerbare   d) Kritik

5) schweren   e) Energien

6) die scharfe   f) Beziehung

_____

_____

_____

_____

_____

_____

_____

_____

_____

Sie überlegten noch ein paar Minuten weiter, da hörten sie auch schon den Nachbarn sein Zimmer verlassen und den Korridor herunter zum Fahrstuhl gehen. Unwillkürlich hielt Rosa die Luft an während Marie sie unsanft *anstupste* und zischte: „Los, lauf die Treppe runter, wenn Du darauf wartest, dass der Lift wiederkommt, ist der doch schon längst *über alle Berge!* 🎤"

Rosa schaute aus der Tür und sobald sie sah, dass die Fahrstuhltür sich hinter dem Mann geschlossen hatte, rannte sie los. Treppe hinunterlaufen war gar nicht so angenehm wie man dachte. Aber sie kam noch rechtzeitig im Mezzanin an, um zu sehen, dass der Mann nach links aus dem Haus ging. Sie schnaufte einmal durch und machte sich an die Verfolgung.

Marie dagegen lief in ihr Büro, wo sie beide Eingänge des Hotels auf dem Monitor beobachten konnte. Da, der Mann verließ das Haus durch den Vorderausgang. Ein paar Sekunden später sah sie seine Verfolgerin hinausgehen. Gut, sie hatte es geschafft und war ihm *auf den Fersen* 🎤. Hoffentlich stellte sie sich nicht allzu blöd an.

Zeit für eine Zimmerkontrolle der besonderen Art! Mit ihrem üblichen Klopfen und „Housekeeping" Ruf ließ sie sich selbst in das leere Zimmer. Ihr Puls raste, sie musste sich erstmal beruhigen, merkte sie. Im Bad kann er keine großformatigen Bilder verstecken, also schaute sie zuerst dort nach.

Wenn er die Bilder aufgerollt hat, dann waren sie schmal, aber immer noch lang. Unter dem Bett lag nichts. Auch im Bett, unter der Matratze nichts. Hinterm Schrank. Unter dem Schrank – nichts. Sie suchte gewissenhaft alles ab. Alles. Da war nichts.

über alle Berge sein   verschwunden, entkommen sein
auf den Fersen sein   jemanden verfolgen
*   (Die Ferse ist der hintere Teil*
*   des Fußes.)*

Übung 29   Teekesselchen

Welche weitere Bedeutung haben

folgende Worte:

1) die Bank (Sitzgelegenheit)   a) Toilettensitz

2) der Boxer (Hunderasse)   b) Vogel

3) die Brille (Lesehilfe)   c) Wasserhahn

4) die Ente (Falschmeldung

        in der Zeitung)   d) Geldinstitut

5) der Hahn (Vogel)   e) optische Hilfe

6) der Jaguar (Raubkatze)   f) männliche Katze

7) der Kater (Kopfschmerzen nach

        zu viel Alkohol)   g) boxender Mann

8) die Linse (Hülsenfrucht)   h) Automarke

Sie hatte sogar die Schächte der Klimaanlage überprüft.

In diesem Zimmer waren keine wertvollen Bilder. Obwohl sie vom Format her zu klein waren, hatte sie auch die Kunstdrucke von den Wänden genommen und dahinter nachgeschaut. Nichts und wieder nichts.

Enttäuscht setzte sie sich auf die Sessellehne. Das war wohl ein *Schlag ins Kontor* 𝒦!

Zerknirscht schaute sie sich noch einmal um. Vielleicht gab es ja einen Hinweis, wer die Bilder hatte und wo sie zu finden waren. Es gab einen kleinen Rollkoffer, trotz ihrer Neugier konnte sie sich nicht überwinden, diesen zu durchwühlen. Sie öffnete den Kofferdeckel mit ihrem Bleistift und schaute hinein. Nur Klamotten. Auf dem Tisch lagen ein paar Papiere, seine Internetbuchung und sein Flugticket. Da schaute sie ohne zu Zögern rein. Sein Flug war für den nächsten Tag um 13.50 Uhr gebucht, von Prag nach Frankfurt. Kein weiterer Hinweis.

Der Notizblock! Vielleicht hatte sich der Stift durchgedrückt und sie konnte eine Nachricht mit ihrem Bleistift wieder sichtbar machen.

Und das im Zeitalter von DNA, dachte sie, strich aber trotzdem leicht über die Oberfläche des leeren Blattes und konnte einen Teil einer tschechischen Handynummer und zwei Großbuchstaben erkennen. Da stand 602 und DF oder DP oder DE, das war nicht genau zu sehen.

Waren das Initialen? Waren es Notizen von einem anderen Gast? Sie entschloss sich, den Zettel sicherheitshalber mitzunehmen. Rosa wird mich wieder auslachen. Aber – vielleicht auch nicht.

Sie hatte ihre Schuldigkeit getan. Nun hieß es Rosa finden.

ein Schlag ins Kontor   *ein Rückschlag, eine*
Enttäuschung
Kontor ist ein altes Wort für
Büro und ein (Blitz-)Schlag ins
Büro vernichtet die gesamte
Buchhaltung eines Geschäftes

Übung 30   Als oder wie?

                Ergänze

a) Meine Schwester ist zwei Jahre jünger _____ ich.

b) Dafür ist sie 10 cm größer _____ ich!

c) Der Bus ist genauso schnell _____ die Straßen-

    bahn.

d) Der Hund ist schwerer _____ die Maus.

e) Mein T-Shirt ist genauso teuer _____ deins.

f) Die Katze ist schnell _____ der Blitz.

g) Kirchturm ist höher _____ unser Haus.

_____

_____

_____

_____

_____

Alles verstanden?

Hier noch einmal ein paar Fragen zum Textverständnis:

3. Kapitel: Ein Schlag ins Kontor
Wahr oder Blödsinn?

a) Der Hotelgast trägt wieder graue Klamotten.

b) Wer ins quatschen kommt, macht Unsinn.

c) Marie wird leicht rot.

d) Spiegeleier-Augen macht man, wenn man
   überrascht ist.

e) Wer nur Bahnhof versteht, versteht alles.

f) Der Museumsdirektor heißt Dr. Tkačík.

g) Der Hoteldirektor heißt Karel.

h) Es ist ein Diebstahl in der Nationalgalerie
   geschehen.

i) Rosa und Marie nehmen die Verfolgung auf.

j) Marie durchsucht das Zimmer 709.

Kapitel 4

Videoüberwachung

Sie traute sich nicht, Rosa anzurufen, also schickte sie eine SMS. Da die Nachricht aber erstmal ins deutsche Netz und dann wieder nach Tschechien geschickt wurde, was seine Zeit dauerte, wurde ihre Geduld auf eine harte Probe gestellt. Keine Antwort. Nach zehn Minuten schickte sie eine weitere SMS. Dann ging sie ins Restaurant um nachzusehen, ob der verzweifelte Museumsdirektor noch *zugegen war*. Leer. Niemand zu sehen. Sie nahm sich vor, die Rezeptionisten über Gast Nr. 709 auszufragen.

Aber dieser Mann fiel nur dadurch auf, dass er absolut unauffällig war. Es gab keine Restaurantreservierung, kein Konzertticket, keinen Weckruf, nichts. Gar nichts. Es gab auch keine Kreditkarte – er hatte 50 Euro hinterlegt, um für die Minibarbenutzung zu garantieren. Das war eher ungewöhnlich, aber nicht gerade kriminell.

Aber was genau hat er die letzten Tage nur gemacht? Ich hab ihn nur beim Frühstück gesehen, beide Tage recht früh. Aber sonst? Ihr kamen die Bänder der Videoüberwachung in den Sinn. Klar.

Monitore gab es am Empfang, im Büro und oben im 8. Stock beim Hotelmanager, aber die gespeicherten Daten lagerten unten im Keller beim Techniker. Der war zum Glück entspannt und nicht neugierig.

Übung 31   Präpositionen

Ergänze

a) Die Frau kümmerte sich rührend _____ den kranken Hund.

b) Das Dokument besteht _____ drei Seiten.

c) Erinnerst du dich _____ den letzten Urlaub?

d) Hat dein Kind Angst _____ Spinnen?

e) Bist du interessiert _____ diesem Job?

f) Ulrike ist verliebt _____ David.

Schreibe deine eigenen Sätze mit den Verben & Präpositionen:

_____

_____

_____

_____

_____

_____

_____

_____

Er zeigte Marie wie das Abspielgerät funktionierte und überließ ihr sein Büro. Schon in der ersten halben Stunde wurde ihr klar, was für eine *langweilige* und *langwierige* Angelegenheit das werden würde. Sie checkte die Kamera an der Vordertür, die die Rezeption und den Eingangsbereich abdeckte und spulte vor bis zum Samstagabend um 10 Uhr. Die Gäste kamen *allmählich* zurück vom Abendessen, einige bogen in die Bar ein, aber die meisten gingen direkt zum Lift. Je länger sie schaute, umso weniger Menschen gingen durch die Lobby.

Der Barmann kam an die Rezeption und verschwand erstmal im Backoffice. Das ist ja sehr interessant! Ja, ja, man sagt ja so schön, wenn die Katze aus dem Haus ist, tanzen die Mäuse auf dem Tisch! Marie wurde sauer. Der hat da nichts zu suchen, der hat Gäste in seiner Bar. Weil sie sich über diese üble *Dreistigkeit* so ärgerte, hätte sie fast den Mann übersehen. Der bewegte sich aber auch so, dass man ihn fast übersah!

Es war aber nichts Auffälliges an seiner Rückkehr zu sehen. Damit hatte Marie eigentlich auch gar nicht gerechnet, aber sie wollte es eben gecheckt haben. Sie checkte auch die anderen Kameras, nur um den Barmann jetzt am Hintereingang auf der Fleischwaage knien zu sehen! Na, dem werde ich den Marsch blasen, dachte sie grimmig. Kniet da als wolle er den Gott der Waage anbeten!

Dann wurde es interessant. Nach Mitternacht kamen dann die Gäste, die etwas zu tief ins Glas geschaut hatten. Sie taumelten durch die Lobby und schwankten in den Lift. Solange sie zurückkommen und nicht irgendwelche Tropfen ins Glas getan bekommen! KO-Tropfen, zum Beispiel.

Glossar	Erklärung
langweilig	*eintönig, uninteressant*
langwierig	*viel Zeit in Anspruch nehmend*
allmählich	*langsam, in kleinen Schritten*
die Dreistigkeit	*Frechheit*

Übung 32   Noch mehr Präpositionen!

a) Du musst dich ____ deinem Freund entschuldigen!

b) Ich habe heute keine Lust _____ kochen.

c) Habt ihr schon _____ den Urlaub geredet?

d) Ich träume _____ einem großen Haus mit Garten.

e) Bist du zufrieden _____ dem neuen Kollegen?

Schreibe deine eigenen Sätze mit den Verben & Prä-positionen:

_____

_____

_____

_____

_____

_____

_____

Dann bestellte sie sich eine *Melange* Ⓘ in das winzige Büro und wartete auf den Kellner. Vielleicht war es ja der Barmann, sie spulte das Band zurück bis zu seiner Besteigung der Waage. Aber es kam ein anderer Kellner und Marie ließ d*ie Sache erst einmal auf sich beruhen* ℛ.

Weiter im Text ℛ. Sie sah den Mann nach dem Frühstück das Hotel verlassen, in den schwarzen Klamotten, die sie beim Frühstück schon bemerkt hatte. Wohin ging er? Direkt in die Nationalgalerie? Der Nachmittag zog sich hin und Marie spulte immer wieder vorwärts, bis sie den Mann zurückkommen sah.

Es war zum Verzweifeln! Es gab nichts Ungewöhnliches an seinem Auftreten, nur die schwarze Kleidung vielleicht. Nun musste sie weiterschauen, wann er das Hotel wieder verließ. Sie schlürfte ihren Kaffee *genüsslich* und ließ das Band laufen.

Wieder fiel der Barmann auf; er verschwand schon wieder über längere Zeit im Rezeptionsbüro, Marie vermutete, dass er dort verbotenerweise telefonierte. Das würde sie jedenfalls überprüfen. Nicht dass sie die paar Pfennig Telefonkosten störten, sie hatten eine Flatrate, aber falls er ins Ausland telefonierte, konnte es doch teuer werden. Aber besonders böse machte sie die Zeit, die er nicht für seine Gäste da war! Das ging wirklich gar nicht.

Da, der Mann verließ das Hotel erneut. Mit einem *Knäuel* unterm Arm, vielleicht eine Jacke oder eine Stofftasche. Er hatte sich zum Abendessen nicht umgezogen, trug weiterhin eine schwarze, recht enge Hose, ein schwarzes T-Shirt und schwarze Turnschuhe. Er ging schnell und *zielstrebig*, nicht wie ein Tourist, der zum Abendessen spaziert.

① *Eine Wiener Melange ist eine österreichische Kaffee-*
spezialität, Sie besteht aus einem Teil Kaffee und einem Teil
Milch mit einer Haube aus geschäumter Milch.

𝓡edensart
eine Sache auf sich beruhen lassen bedeutet, etwas nicht
weiter zu verfolgen, an einem anderen Zeitpunkt wieder
aufzunehmen
Weiter im Text bedeutet mit etwas weitermachen.

Glossar	*Erklärung*
genüsslich	*mit Genuss*
das Knäuel	*etwas Zusammengerolltes*
zielstrebig	*mit einem festen Ziel*

Übung 33   Kennen, wissen, können – was passt?

Ergänze in der richtigen Zeitform!

a) Lenka und Patrick haben geheiratet. Das

_____ ich gar nicht!

b) Die Tickets _____ du im Internet bestellen.

c) _____ du schon den neuen Freund von Eva?

d) Ich sage dir, wenn ich_____ wann der Zug

ankommt.

e) Mit wie vielen Personen _____ wir

rechnen?

f) Um 11 Uhr _____ es schon zu spät sein.

g) Wer _____ wie oft er mich schon

angelogen hat.

85

Jetzt wird es *spannend* dachte sie und spulte wieder schnell vorwärts. Gäste kamen und gingen und den Barmenschen ignorierte sie komplett. Sie wollte nun wissen, wann und wie der Mann, den sie verdächtigte, wieder ins Hotel zurückkommen würde.

Jetzt wird sich zeigen, ob ich recht habe oder *komplett verstrahlt* bin, dachte sie. Auf der einen Seite war sie superneugierig, auf der anderen Seite wollte sie nicht bestätigt sehen, dass *sie einen Vogel hatte* 𝓡.

Nun schaute sie ganz genau hin. Sie wollte kein Detail verpassen. Und schon wurde sie fündig. Der Mann kam zurück. Es war gegen neun Uhr am Abend, eine ungewöhnliche Zeit. Sie hatte damit gerechnet, dass er zu Abend essen würde und erst nach 22 Uhr zurückkehren würde.

Und wie er aussah! Er hatte kein Knäuel mehr unter dem Arm, dafür einen langen schwarzen Mantel an. Na bitte, dachte sie. Da stimmt was nicht. Es ist viel zu warm für einen Mantel, geschweige denn einen langen Mantel, auch wenn er nicht wie ein Wintermantel aussah. Hatte sie den Mantel im Zimmer des Mannes gesehen? Doch, ja, sie erinnerte sich an etwas Dunkles, was hinten im Schrank auf einem Bügel gehangen hatte. Das konnte der Mantel gewesen sein.

Sie spulte zurück. Leider gab es keine Funktion das Bild zu vergrößern. Die Bänder wurden aufgenommen, eine Woche gespeichert und dann überschrieben. Eine reine Routinemaßnahme, die nur selten benutzt wurde. Also noch einmal.

Er drückte die Glastür mit der linken Hand auf während der rechte Arm an seine Seite und seinen Bauch gedrückt war. Weil er etwas an seinen Körper drückte? Marie geriet nun richtig in Aufruhr. Denk nach, ist er Linkshänder?

86

Glossar	*Erklärung*
spannend	*Gefühl von gespannter Erwartung*
komplett	*total*
verstrahlt sein	*zu viel Strahlung ausgesetzt sein*
	hier: verrückt sein

Redensart

einen Vogel haben   *verrückt sein.*

Manchmal wird dieser Vogel auch Meise genannt. „Du hast ja ne Meise unterm Pony." oder man sagt bei dir piept' s wohl". Dabei klopft man sich mit dem Zeigefinger an seine Schläfe.
Man sagt auch „lockerer Vogel" über einen sehr unkomplizierten Menschen, oder „komischer Vogel" über einen merkwürdigen Menschen.

Übung 34   Kollokationen

Was passt zusammen?

1) schweren Herzens	a) lange
2) in vollen Zügen	b) hoher Umsatz
3) seit geraumer Zeit	c) intensiv, total
4) der stolze Preis	d) ungern
5) im Laufe der Zeit	e) spät
6) zu vorgerückter Stunde	f) langsam
7) der fette Gewinn	g) hoher Preis, teuer

In Gedanken spulte sie noch einmal seinen Check-In ab. Nein, er hatte mit der rechten Hand unterschrieben. Sie spulte bestimmt zehnmal wieder zurück, um sich die paar Sekunden wieder und wieder anzusehen.

Dann setzte sie sich in ihrem Stuhl zurück und starrte für ein paar Augenblicke *Löcher in die Luft*. Die Anspannung, die in den letzten Minuten durch ihren Körper *geflitzt* war, ließ nach und sie sackte untätig in sich zusammen. Als wollte der Körper sagen: Moment mal! Ich muss erstmal wieder *runterkommen*. Ihre Gedanken drehten sich wie ein Hamster in seinem Laufrad, aber sie kam zu keinem Entschluss, was als nächstes zu tun sei.

Dann regte sie sich wieder. Ihr Gehirn kam wieder aus dem Laufrad und sie überlegte nun ganz ruhig und sachlich. Was hatte sie in der Hand? Nichts, ehrlich gesagt. Vermutungen und Verdächtigungen, ein paar *eigenartige* Verhaltensweisen aber mehr nicht. Damit konnte sie nicht zur Polizei gehen, obwohl es ihr unter den Nägeln brannte. Sollte sie mit dem Hotelmanager sprechen? Nein, der würde sie nur auslachen.

Sie musste das *Einzige* finden, was ihren Verdacht bestätigen konnte, die gestohlenen Bilder. Aber im Zimmer waren sie hundertprozentig nicht. Das war auszuschließen. Dann waren sie bei dem Komplizen und somit unerreichbar für sie. Es musste einen Weg geben an den Komplizen zu kommen. Sie vermutete einen der Wachmänner aus der Galerie. Konnte sie den Museumsdirektor um eine Liste bitten? Sie schüttelte den Kopf. Das ginge zu weit. Dazu müsste sie auch mit ihrem Chef sprechen und das hatte sie ja schon ausgeschlossen. Der einzige Weg zu ihm war der merkwürdige Mann selber.

Genau in diesem Moment klingelte das Telefon.

Löcher in die Luft starren   wenn man ins Leere schaut,
in Gedanken versunken, ohne etwas zu sehen oder anzuse-
hen

Glossar	*Erklärung*
flitzen	*sehr schnell laufen, rennen*
runterkommen	*entspannen*
eigenartig	*merkwürdig*
einzig	*nur einmal vorkommend*

Übung 35   Partikel Ergänze die Partikel aus dem
                 Kästchen. Manchmal sind mehrere
                 Lösungen machbar

| ja   denn   einfach   doch   wohl   schon |

Liebes Tagebuch!

Ich habe dir (1)_____ lange nicht geschrieben, ich habe

(2) _____ immer so viel zu tun. Gestern habe ich (3)

_____ die Initiative ergriffen, Daniel anzurufen.

Den hatte ich (4) _____ im Urlaub kennengelernt. Er

hat sich sehr gefreut und mich zum Essen eingeladen. Stell

dir vor, der hatte (5) _____ meine Telefonnummer

verloren. Ob das (6) _____ stimmt? Vielleicht ist er

(7) _____ endlich der Richtige für mich? Ich trau mich

(8) _____ fast nicht mehr, daran zu glauben. Er hat

gesagt, er sei single, ob man ihm das (9)_____ glauben

kann? Deine Tina

Marie zuckte zusammen *wie von der Tarantel ge-stochen*, das Telefon fiel ihr aus der Hand in den Schoß. Zitternd griff sie danach und sah Rosas Gesicht auf dem Display.

„Jetzt reiß dich mal zusammen", sagte sie zu sich selbst und drückte gleichzeitig den grünen Knopf.

„Wer, ich?", fragte Rosa erstaunt.

„Nein, nein, ich selber. Bin gerade total durch den Wind."

Marie setzte sich wieder, um sich zu entspannen. Das ging so nicht weiter, sie würde bald einen Herzinfarkt bekommen, wenn sie sich nicht entspannte.

„Wo bist du, bist du noch an ihm dran?"

wie von der Tarantel gestochen   plötzlich, unerwartet
Eine Tarantel ist eine giftige Spinne. Bei ihrem
Biss galt ein ekstatischer Tanz als Heilmittel, die
Tarantella.

Übung 36   Emotionen

Welche haben sich hier versteckt?

1. fühlgemit   _____

2. eiebl   _____

3. sash   _____

4. sueifercht   _____

5. dereuf   _____

6. hamsc   _____

7. leek   _____

8. klügc   _____

Vergiss die Artikel nicht !

Und findest du auch die passenden Verben?

_____

_____

_____

_____

Alles verstanden?

Hier noch einmal ein paar Fragen zum Textverständnis:

4. Kapitel: Videoüberwachung
Wahr oder Blödsinn?

a) Rosa hat eine tschechische Handynummer.

b) Wer zugegen ist, ist anwesend.

c) Der Kellner aus der Bar geht zur Rezeption und schläft dort.

d) Der Mann von Zimmer 709 kommt ungefähr um 9 Uhr zurück ins Hotel.

e) Während Marie die Videos anschaut, trinkt sie Melissentee.

f) Wer einen Vogel hat, muss Vogelfutter kaufen.

g) Sie überlegt, ob sie die Polizei kontaktieren soll.

h) Sie ruft Rosa mehrmals an.

Kapitel 5

Verfolgungsjagd

Und so war es Rosa in den letzten Stunden ergangen. Sie war ein bisschen kopflos aus dem Zimmer gestürmt und hatte nicht mal ihre Tasche mitgenommen. Zum Glück hatte sie ihr Handy in der Hand gehabt, als Marie sie *quasi* aus dem Zimmer geschubst hatte. Dies realisierte sie erst, als sie – 10 Meter hinter dem Mann – die Celetna Strasse entlanglief. Zum Glück war der Mann sehr groß und stattlich und hatte eine wunderbar *glänzende Glatze*. Und sie selbst war eher klein und zierlich, sie konnte sich hinter fast jedem Touristen hervorragend verstecken.

Musste sie aber gar nicht. Der Mysteryman fühlte sich offenbar *pudelwohl*. Er schlenderte zwar nicht, lief recht zielstrebig voran, aber er war nicht in Eile und schaute sich auch nicht um. Mit seinen breiten Schultern wirkte er sehr zufrieden mit sich und der Welt.

Für Rosas kurze Beine wurde die Verfolgung anstrengend, sie begann schon bald zu schwitzen. Na großartig, ich kann mir nicht mal was zum Trinken kaufen, ging es ihr durch den Kopf. Aber nur kurz, denn sie musste auf die vielen Touristen und den Mann achten, um ihn nicht aus den Augen zu verlieren. Sie kamen auf den Platz. Dieses Mal hatte sie keine Augen für die Schönheit dieses Ortes.

Übung 37   Plusquamperfekt

Was war zuerst gemacht? Kreuze an.

1 a) Petra musste zum Arzt gehen.

  b) Sie hatte sich den Arm gebrochen.

2 a) Pavel hatte sein Portemonnaie verloren.

  b) Er suchte es in der ganzen Wohnung.

3 a) Jessica musste zur Bank gehen.

  b) Sie hatte Ihre EC Karte zuhause vergessen.

4 a) Cecilia musste nochmal in den Supermarkt gehen.

  b) Sie hatte keine Cola Light gekauft.

5 a) Er hatte den letzten Bus verpasst.

  b) Peter musste nach Hause gehen.

Glossar	*Erklärung*
glänzen	*reflektieren, schimmern*
quasi	*fast, gewissermaßen*
die Glatze	*haarloser Kopf*
hervorragend	*besonders gut*
pudelwohl	*besonders angenehm*

_____

_____

_____

_____

Auch wenn ihr Fokus dem seltsamen Mann galt, konnte sie nicht darum herum, die *albernen* lebenden Statuen zu registrieren. Neidisch konnte man auf die nicht sein, einer war ganz in Gold gekleidet und angemalt, der musste *entsetzlich* schwitzen. Auf der anderen Seite musste damit Geld zu verdienen sein.

Auch der wunderbare Pferdegeruch der Fiaker umwehte ihre Nase, während sie den Platz in Richtung St. Nikolauskirche überquerten. Die Pflastersteine waren für ihre Sneakers kein Problem, zum Glück hatte sie nicht ihre Riemchensandalen an. In diesem Gedanken versunken wäre sie fast in den Mann, den sie verfolgte, hineingelaufen. Er hatte an einem Stand mit Baumstriezeln angehalten, um sich diese Süßigkeit zu kaufen.

Dieses typisch tschechische Gebäck stammte wahrscheinlich irgendwo aus Ungarn, dachte sie und schmunzelte in sich hinein. Lieber hätte sie sich jetzt eine Flasche Wasser gekauft. Wenn wir den ganzen Tag weiterlaufen, dachte sie, werde ich verdursten!

Der Mann lief *kauend* weiter durch die Kaprova Strasse in Richtung Moldau. Oder Richtung Metro Station? In der Kaprova blieb er vor der Auslage eines Antiquitätenladens stehen. Das heißt er reckte den Kopf in die Höhe und schaukelte mit dem Oberkörper hin und her. Aber schon lief er weiter.

Aber die Moldau war nicht sein Ziel und auch die Metrostation nicht. Er bog nach links ab und ließ auf der rechten Seite das noble Four Seasons Hotel liegen. Immerhin liefen sie jetzt im Schatten und die Sonne knallte ihr nicht mehr auf den Kopf. Rosa steckte sich ein Minzbonbon in den Mund gegen den Durst.

Es stimmt, dachte sie, Durst ist schlimmer als Heimweh.

Glossar	Erklärung
albern	*kindisch, lustig*
entsetzlich	*furchtbar*
kauen	*Essen mit den Zähnen zerkleinern*

Übung 38   Wie bitte? Was meint ein Schweizer,

wenn er das sagt:

1) das Velo	a) parken
2) zügeln	b) anrufen
3) ein Telefon geben	c) grillen
4) grillieren	d) umziehen
5) parkieren	e) das Fahrrad

Und die Österreicher?

6) der Paradeiser	f) das Rührei
7) die Marille	g) der Umschlag
8) das Kuvert	h) die Tomate
9) der Topfen	i) die Aprikose
10) die Eierspeis	k) der Quark

_____

_____

_____

_____

An dem Hotel vorbei betrat der Mann ganz plötzlich ein kleines Geschäft. Antik Andrle war auf einem verzierten Schild zu lesen. Es war ein Eckgeschäft, auf beiden Seiten je ein großes Fenster voll mit antiken Kostbarkeiten. Kein *Trödelmarkt*, sondern teure Antiquitäten.

Nicht ganz meine Kragenweite, dachte sie. Sie war bei einem ihrer letzten Besuche mit Marie in Buštěhrad gewesen, wo jeden zweiten Freitag so eine Art Flohmarkt stattfand. Ein Sammelsurium aus alten, kuriosen, antiken und wunderbaren Dingen, die man eigentlich gar nicht braucht, aber haben will. Nein, dieses Geschäft sah sehr distinguiert und teuer aus.

Sie tat so, als betrachtete sie die *Auslage*, aber versuchte gleichzeitig zu erkennen, was in dem Geschäft passierte. Sie sah nur den Mann und eine Verkäuferin, vielleicht sogar die Chefin. Sie trug glänzende Diamantohrringe aus den 20er Jahren, die sogar durch die Auslage hindurch glitzerten und funkelten.

Nach ein paar Worten verschwanden die beiden im hinteren Teil des Geschäfts, den man durch die Auslage nicht einsehen konnte. Rosa konnte es sich nicht erlauben, in das Geschäft zu gehen. Der Mann würde sie sicher erkennen und dann konnte sie eine weitere Verfolgung vergessen.

Sie stand direkt vor der Auslage des Diamantschmucks, aber hatte bisher darüber geguckt, um den Mann zu beobachten. Nun sah sie die Schmuckstücke selber. Was für Schönheiten hier lagen! Rosa kam ins Schwärmen. Sie war eine der Frauen, die sich selber keinen Schmuck kauften, sondern sich von ihrem Partner schenken ließen. Vielleicht war das altmodisch, aber so war sie eben. Konservativ würde sie es mit einem *Zwinkern* in den Augen nennen.

Glossar	*Erklärung*
der Trödel	*alte, gebrauchte Dinge von geringen Wert*
der Trödelmarkt	*Flohmarkt*
die Auslage	*Präsentation der angebotenen Waren (z. B. in einer Vitrine)*
das Zwinkern	*Nominativ zu zwinkern*
	ein Auge bewusst ganz kurz schließen, als geheimes Zeichen

Übung 39   Präpositionen

Ergänze die richtigen Präpositionen

a) Ich habe selten _____ einen Komiker so ge-

lacht.

b) Mein Chef regt sich immer _____ die hohen

Löhne auf.

c) Hat du etwa Angst _____ Spinnen?

d) Wie viele Menschen haben sich _____ den

Job beworben?

e) Was sagt denn Deine Frau da_____ ?

f) Am Wochenende protestieren wir _____ Aus-

länderfeindlichkeit.

_____

_____

_____

_____

Der Durst würde bald zum Problem werden, das wusste sie. Konnte sie schnell im Four Seasons verschwinden? Nein, sie entschied sich dagegen.

Etwa 10 Minuten später kam er wieder heraus und steckte einen Zettel in die hintere Hosentasche. Er pfiff sogar vor sich her! Offensichtlich war er bester Laune. Er schlenderte erst Richtung Karlsbrücke, aber dann wurde es ihm wohl zu voll, er machte eine 180° Drehung und kam direkt auf Rosa zu. Und sie machte sich spontan die nicht offenen Schnürsenkel zu. Lügen war nicht ihre Stärke – sie wurde dabei immer rot – aber in Notlügen war sie ein Profi. So spontan war sie auch in dieser Blitzreaktion. Der Mann lief völlig ahnungslos an ihr vorbei. Ihr fiel ein Stein vom Herzen.

Diesmal bog er eine Straße nach rechts und ging in ein italienisches Bistro, um gemütlich Kaffee zu trinken. Es war ein Delikatessengeschäft mit Bistrotischen, an denen man ein paar Kleinigkeiten zu sich nehmen konnte. Sie schaute durch die Glasfront, denn sie traute sich nicht hinein. Dann sah sie wie der Mann sich setzte und ganz in Ruhe bestellte.

Das machte sie verrückt, sie musste jetzt und nicht gleich etwas trinken. Dieser Laden musste auch eine Toilette haben, dachte sie. Ich geh da jetzt rein, Geld hin oder her. Ihrem Instinkt folgend und das Gesicht abgewandt lief sie zielstrebig eine Treppe herunter und fand die Toilette. Erleichtert trank sie ein paar Schlucke aus der Leitung. Fantastisch!

Auch wenn sie nichts angefasst hatte, wusch sie sich ausgiebig die Hände mit kaltem Wasser. Sie ging davon aus, dass der Mann oben seinen Kaffee in Ruhe genießen würde und sie hatte Recht. Zügig, bevor man sie fragen konnte, ob sie etwas kaufen wollte, verließ sie das Geschäft. Zeit, Marie anzurufen.

Übung 40   Relativsätze im Nominative und
Akkusativ

Ergänze die passende Form.

a) Hast du den Brief bekommen, _____ ich dir

geschrieben habe?

b) Kennst du einen Dolmetscher, _____ Japanisch

übersetzen kann?

c) Ich möchte mit dem Arzt sprechen, _____ meine

Tochter operiert hat.

d) Die Rede, _____ du gehalten hast, war

sehr interessant.

e) Das ist das Buch, _____ ich mir zu

Weihnachten gewünscht habe.

f) Wo ist eigentlich die Torte, _____ du

mitgebracht hast?

g) Da ist ja der Schlüssel, _____ ich

verzweifelt gesucht habe.

h) Habe ich dir schon den Ring gezeigt, _____

ich meiner Frau zum Hochzeitstag schenken will?

_____

_____

_____

Alles verstanden?

Hier noch einmal ein paar Fragen zum Textver-

ständnis:

5. Kapitel: Verfolgungsjagd

Wahr oder Blödsinn?

a) Der Hotelgast hat eine Glatze.

b) Der Hotelgast trifft sich mit seinem Komplizen.

c) Vor der St. Nikolaus-Kirche stehen Fiaker.

d) Der Hotelgast geht schnell in ein Handygeschäft.

e) Er kauft ein Buch und einen Stift.

f) Er verschwindet in einem Antiquitätenladen.

g) Rosa hat schrecklichen Hunger.

h) Sie trinkt Wasser aus dem Hahn auf der Toilette
   eines kleinen Hotels.

i) Marie will ins Kino.

j) Rosa ruft Marie an.

Kapitel 6

Und nun?

„Wir sind um die Ecke vom Altstädterring, du musst herkommen. Ich habe keinen Pfennig Geld dabei!" Rosa ging die Straße auf und ab, ohne die Eingangstür aus dem Blick zu verlieren.

„Oder soll ich die Observation lassen und zurückkommen?"

Die Antwort war ihr schon klar. „Neiiiiin", schallte es durchs Telefon, „ich komme!" Rosa wusste ja noch nichts von der Videoüberwachung und den Theorien ihrer Freundin.

Der Durst stellte sich schon wieder ein, aber erneut in den Laden zu gehen, war keine Option. Nun musste sie geduldig warten. Zum Glück machte Monsieur *keinerlei Anstalten ℛ*, weiter durch Prag zu rennen. Schon nach einer kurzen Weile sah sie Marie hektisch auf sie zulaufen. Endlich.

Dass Marie etwas Wichtiges mitzuteilen hatte, sah man ihrem Gesicht von weitem an. Irgendwie war sie eine Kräuterhexe, aber eine Gute. Sie wusste gerne immer alles besser, aber hatte nie etwas Böses im Schilde. Sie hatte nicht nur Rosas Handtasche, sondern auch eine kleine Flasche Wasser dabei, weil sie wusste, wie groß Rosas Durst werden konnte.

Die beiden Frauen umarmten sich, als hätten sie sich ewig nicht mehr gesehen.

Redensart
keine Anstalten machen   anzeigen, dass man die Absicht
hat, etwas zu tun

Übungen 41   Was passt nicht?

Streiche durch!

1) a) verlieren   b) verlegen   c) versagen

2) a) observieren b) beantworten c) beobachten

3) a) Operation   b) Möglichkeit c) Option

4) a) laufen   b) legen   c) rennen

5) a) aufgeregt   b) hektisch   c) stoisch

6) a) bedeutsam   b) wichtig   c) winzig

_____

_____

_____

_____

_____

_____

_____

_____

_____

_____

„Endlich!" Rosa schnappte sich die Flasche und Marie brachte sie auf den neusten Stand.

„Das ist ja *großartig*! Wir haben jede Menge Indizien aber gar nichts in der Hand!" Beide schüttelten *synchron* die Köpfe.

„Er hat nur ein bisschen eingekauft, kein Kontakt mit niemandem. Im Zimmer ist nichts, kein Gemälde, kein Hinweis. Wir stecken fest." Marie klang traurig, aber noch nicht *resigniert*.

„Naja, noch sitzt der da im Bistro, mal sehen, was er dann macht, vielleicht wartet er auf jemanden." Rosa dagegen hatte langsam genug. Ein langer Mantel. Pffff. Was sollte das denn beweisen? So hatte sie sich ihren Urlaub nicht vorgestellt. Sie saßen auf einem Geländer und sahen sich an. Keine wusste weiter.

„Ist das hier auch so ein besonderer Platz, den du mir zeigen wolltest?", fragte sie *ironisch*. Wobei, so schlecht war es gar nicht, jetzt, da sie etwas zum Trinken hatte. Sie *grübelten* ohne weitere Worte vor sich hin. Beide warteten darauf, dass der Mann *den nächsten Zug machte* 🝔. Aber der saß weiterhin im Bistro und las eine der ausliegenden Zeitungen.

„Vielleicht können wir ihm heute Abend das Handy stibitzen, der hat das gleiche wie du. Rosa sparte sich die Antwort und verzog das Gesicht genervt. Aber Marie sprach weiter. "Da finden wir bestimmt die Telefonnummer von seinem Komplizen."

Da ging die Tür auf und der spezielle Hotelgast kam heraus. Er stand *unschlüssig* da, als wüsste er nicht, wohin er nun gehen sollte. Dann entschied er sich in Richtung Karlsbrücke zu schlendern. Ja, er schlenderte. Rosa wunderte sich. "Du, eben ist der total schnell gegangen, ich kam kaum hinterher. Jetzt scheint er Zeit zu haben!"

Glossar	Erklärung
großartig	*exzellent, super*
synchron	*simultan, gleichzeitig*
resignieren	*aufgeben*
ironisch	*spöttisch*
grübeln	*nachdenken*
unschlüssig	*unentschlossen*
schlendern	*ohne Ziel, langsam gehen, spazieren*

Redensart

den nächsten (Schach)Zug machen (Schach) bedeutet, jemand ist dran, den nächsten Schritt zu machen. Der andere Spieler muss warten.

Übung 42 Zug um Zug

Was bedeuten die Redensarten?

1) Das ist kein schöner Zug von ihm!

2) Einen Zug am Leibe haben.

3) Einen Zug durch die Gemeinde machen.

4) In einem Zug(e).

5) Zug um Zug.

a) Sehr schnell reagieren, schnell sein.

b) Von einem Lokal ins nächste gehen und feiern.

c) Er verhält sich nicht gut.

d) Viel und schnell trinken.

e) Viel trinken oder arbeiten ohne Pause.

Da sie schon bald zwischen Hunderten von Touristen waren, blieben sie ein bisschen näher an ihm dran. Er zog seine Jacke aus und warf sie sich salopp über die Schulter. Dann verschwand er in der Menge. Auf der Karlsbrücke sah er sich die Zeichner an, die Touristen malten. Hin und wieder blieb er stehen und schaute die angebotenen Waren an. Auch nahm er sich Zeit, die Moldau und die Burg anzuschauen.

Rosa schlug sich die Hand vor die Stirn.

„Ich weiß, was der macht!", rief sie fast ein bisschen zu laut.

„Er macht Sightseeing!" Sie schüttelte den Kopf.

„Ist doch offensichtlich, er hat nichts mehr zu tun und trödelt herum, hat nichts Konkretes vor!"

„Du meinst er vergoldet Zeit?", fragte Marie überrascht.

„Wie, was vergoldet er? Ach, du meinst vergeuden. Ja, genau das meine ich, er vergeudet Zeit!"

„Und ich habe immer gedacht, das heißt vergolden, so von wegen 'eine gute Zeit haben', diese vergolden. Naja, egal. Aber du hast recht. Und wir laufen wie blöd hinterher!"

Rosa ging ein Licht auf. "Du hast vollkommen Recht, mit dem stimmt etwas nicht. Jetzt bin ich mit dabei. Sein Verhalten ist nicht normal. Aber hier können wir nichts mehr machen."

„Meinst du es hat keinen Sinn ihm weiter zu folgen? Vielleicht trifft er doch noch den Komplizen."

„Das glaub ich nicht, das wäre doch viel zu leichtsinnig. Nein, komm wir gehen zurück und am Abend versuchen wir ihn irgendwie abzufangen. Vielleicht kommen wir doch an sein Handy. Was meinst du?"

Die beiden Frauen traten den Rückweg an.

Übung 43   Ich habe keine Zeit zu vergeuden,

leg mal einen Zahn zu!

1) Ich habe Ondra gefragt, wer seine neue Freundin
   ist, aber der kriegt ja seine Zähne nie auseinander!

2) Wir verpassen noch den Bus, leg mal 'nen Zahn zu!

3) Wer wird denn der neue Abteilungsleiter?
   Fühl' doch mal dem Chef auf den Zahn!

4) Wenn ich das Pflaster jetzt mit einem Ruck abreiße,
   tut es für einen Moment sehr weh, aber das muss
   sein, du musst die Zähne zusammenbeißen.

Was passt zusammen?

a) Du musst den Schmerz ertragen, auch wenn es weh
   tut.

b) Ich werde ihm viele, intensive Fragen stellen.

c) Er sagt einfach nichts.

d) Schneller gehen/ fahren/ etwas schneller machen.

_____

_____

_____

_____

_____

Alles verstanden?

Hier noch einmal ein paar Fragen zum Textverständnis:

6. Kapitel: Und nun?
Stimmt's?

a) Rosa hat keine Tasche und kein Geld dabei.

b) Wer den nächsten Schritt macht, der geht als erstes los.

c) Wer einen Zug durch die Gemeinde macht, steigt am Bahnhof in den Zug ein.

d) Der Hotelgast hat plötzlich viel Zeit und macht Sightseeing.

e) Wer Zeit vergeudet, der braucht sehr lange für eine Aktivität.

f) Die Frauen verfolgen den Hotelgast bis zum Abend.

g) Sie gehen zum Hotel zurück.

Kapitel 7

Mazel tov!

Für den Abend hatten sie *sich vorgenommen*, auf den Herrn zu warten und ihn irgendwie in ein Gespräch zu verwickeln. Sie hatten beide geduscht und *sich frisch gemacht*, saßen in der Bar und warteten geduldig. Über die Spiegeltür der Bar, die zum Eingangsbereich des Hotels offenstand, konnte Marie alles sehen, was dort *vor sich ging*, ohne selber direkt gesehen zu werden. Sie hatte außerdem die Rezeption gebeten, ihr Bescheid zu sagen, wenn der Gast wieder zurückkam und sie wussten daher, dass er momentan in seinem Zimmer war.

Beide fühlten sich abgekämpft und ein bisschen müde, da sie ihren Verdacht durch nichts beweisen oder stützen konnten. Das war sehr frustrierend. Auf der anderen Seite, Rosa war nicht so schnell von einer Sache zu überzeugen, aber wenn sie mal dabei war, dann war sie mit Herz und Seele dabei. Auch sie wollte jetzt Gewissheit haben und die Wahrheit wissen. Aus der angrenzenden Küche drangen laute Worte, Marie steckte ihren Kopf durch die Schwingtür und sagte: "Müssen sie denn so schreien!" Auf einmal war es mucksmäuschenstill.

Lächelnd kam sie zum Tisch zurück. „Die vergessen schnell mal, dass gleich nebenan die Gäste sitzen", sagte sie entschuldigend.

Glossar　　　　　　*Erklärung*
sich vornehmen　　　*etwas planen*
sich frisch machen　 *duschen, waschen etc.*
vor sich gehen　　　 *passieren*

Übung 44　　　　Reflexive Verben.

　　　　　　　　　Ergänze.

a) Emma wäscht _____ die Haare jeden Morgen.

b) Du sollst _____ nicht sehr so über deine

　Tochter ärgern!

c) Ich rege _____ aber auf, die kommt immer zu

　spät!

d) Wir sollten _____ darauf einigen, was wir

　am Wochenende unternehmen wollen.

　Es soll schönes Wetter sein.

e) Auf das Wetter könnt ihr _____ doch nicht

　verlassen.

f) Die Zeiten ändern _____ nie!

_____

_____

_____

_____

_____

Ein weiblicher Stammgast kam in die Bar und setzte sich zu ihnen. Sie bestellte Spaghetti Bolognese. „Bitte Al dente!" Und der Kellner verschwand in der Küche. Der Mann blieb auf seinem Zimmer, das zeichnete sich immer klarer ab. Nun, dann würden sie eben auch eine Kleinigkeit in der Bar zu sich nehmen. Marie bestellte beim Oberkellner, der schon die Spaghetti Bolognese brachte. Dann kam er wieder aus der Küche und sagte mit hochgezogenen Augenbrauen: "Übrigens, die Köche sind *stinksauer* auf sie!"

„Wieso das denn?"

„Na, sie haben doch eben zu denen gesagt: sie Schwein!"

„Was? Quatsch. Ich habe gesagt: Müssen sie denn immer so schreien! Können sie das bitte für mich erklären." Für sie waren ihre Mitarbeiter heilig und sie würde niemals so etwas sagen. Sie schüttelte den Kopf. „Sie Schwein! Also wenn, dann würde ich eben du Schwein sagen!"

Kurz darauf kam der Oberkellner mit drei Tellern zurück und verteilte sie vor den Damen auf dem Tisch. Marie wunderte sich, dass ihr Stammgast noch eine zweite Hauptspeise bekam. Mensch, die hat aber Appetit. Aber auch diese schaute verwundert von ihrem Entenbraten hoch. „Das habe ich nicht bestellt!"

„Doch", antwortete er, "sie haben doch gesagt: Spaghetti Bolognese und Alte Ente."

„Al dente habe ich gesagt!" Sie lachten alle zusammen und bemerkten gar nicht, dass Herr 709 doch noch in die Bar gekommen war. Marie nutzte die Gunst der Stunde und erzählte ihm die Geschichte, Auch er lachte herzlich und ließ sich von ihr an den Damentisch einladen. „So, darauf gebe ich eine Flasche Bohemia Sekt aus", sagte Marie.

Glossar	Erklärung
stinksauer	*sehr sehr böse, verärgert*

_____

_____

_____

_____

_____

_____

_____

_____

_____

Übung 45 Knallbunt

Finde die passende Farbe!

1) Die Banane   a) blau

2) Das Meer   b) schwarz

3) Die Maus   c) grün

4) Die Nacht   d) orange

5) Der Schnee   e) rot

6) Die Liebe   f) grau

7) Das Gras   g) weiß

8) Die Orange   h) gelb

Alkohol konnte nicht schaden, falls sie tatsächlich an das Telefon herankommen wollten. Vorsichtig fragten sie ihn darüber aus, was er so gemacht habe die letzten Tage und ob es ihm hier gut gefalle. Aber wieder fiel er durch keine Antwort auf.

Der ist *glitschig* wie eine feuchte Seife, dachte Rosa und fühlte sich darin bestätigt, dass dieser Mann *etwas zu verbergen hatte.* Immerhin hatte er sein Handy genau wie die anderen, auf den kleinen Bartisch gelegt und schaute recht oft auf das dunkle Display, als erwarte er einen Anruf.

Wie kommen wir daran, überlegte Rosa. Selbst wenn ich es an mich nehmen kann, ich kenne ja nicht mal sein Passwort. Sie sah Marie an und bemerkte, dass sie sich genau dieselben Gedanken machte. Schließlich schüttelte sie fast unmerklich den Kopf. Es war unmöglich.

Auch der Mann spendierte eine Flasche Bohemia Sekt und er konnte wunderbar Smalltalk machen. Rosa fragte sich, was von dem, was er ihnen erzählte, der Wahrheit entsprach. Wenn sie einmal jemandem misstraute, dann mit jeder Faser.

Marie bot ihm gerade an, den wunderschönen Ballsaal des Hotels zu zeigen. Das war eine *Bombenidee*! Der Mann willigte ein und Rosa schob im gleichen Moment ihr Handy vor seines, sodass er das falsche Handy griff und in seine Hosentasche gleiten ließ.

Hinter seinem Rücken zeigte sie Marie ihre Daumen nach oben und tippte auf ihre Armbanduhr, um ihr zu *signalisieren*, dass sie sich Zeit lassen sollte. Es wäre natürlich wie ein Sechser im Lotto, wenn dieser Anruf genau jetzt käme, aber das Glück soll ja mit den Tüchtigen sein.

Glossar	Erklärung
glitschig	*sehr sehr glatt*
etwas zu verbergen haben	*etwas verheimlichen*
eine Bombenidee	*eine fantastische Idee*
signalisieren	*Zeichen machen*

Übung 46   Präpositionen im Kino!

Ergänze!

a) Wir sehen uns _____ einer Stunde!

b) Wir sehen uns _____ zwei Uhr!

c) Wir treffen uns _____ der Kasse.

d) Ich kümmere mich _____ die Getränke.

e) Gut, dann hole ich die Tickets _____ der
Kasse ab.

f) Ist das ein Horrorfilm? Ich habe Angst _____
Monstern!

g) Du kannst ja die Hand _____ die Augen
halten!

_____

_____

_____

_____

_____

_____

Die Minuten wurden elendig lang. Wie lange konnte Marie ihn im Boccaccio Ballsaal festhalten? Vielleicht 10 oder 15 Minuten, schätzte sie. Als genau in diesem Moment das Telefon klingelte, erschreckte sie sich zu Tode! „Oh mein Gott", rief sie und *prägte sich* die Nummer *ein*. Eine tschechische Handynummer. *Heimlich* schrieb sie sich die Nummer in ihre Handfläche. *Mazel tov* 🕎! Endlich hatten sie etwas in der Hand. Die Nummer war nicht registriert in seinem Handy, also kein Name oder Foto dazu. Der weibliche Stammgast verabschiedete sich und da kamen auch schon Marie und der Mann wieder in die Bar zurück.

Das Funkeln in Rosas Augen entging der Freundin natürlich nicht. Ihre Neugier wird sie jetzt umbringen, dachte Rosa amüsiert. Kaum hatte der Mann sein oder besser ihr Handy wieder auf den Tisch gelegt, tauschte Rosa sie geschickt zurück und das keine Sekunde zu früh. Sein Handy klingelte erneut! Und es war dieselbe Nummer, das konnte sie sehen.

„Entschuldigen sie!" Während er in der Lobby telefonierte, erzählte Rosa von dem Anruf. Jetzt waren beide aufgeregt und hätten die Nummer am liebsten angerufen oder besser noch gleich die Polizei informiert, aber das machte wenig Sinn. Sie mussten eine Strategie entwickeln, wie es weitergehen sollte. Der Mann flog morgen Mittag weg. Bis dahin mussten sie die Bilder finden oder wenigstens den Komplizen.

„Wunderbar!" Der Mann kam mit einem breiten Grinsen auf dem Gesicht zurück. „Mein Geschäft hat wunderbar geklappt, darauf gebe ich einen Becherovka aus. Bitte drei eisgekühlte Becherovka für meine beiden Tischdamen und mich!" Das war genug Alkohol für diesen Abend. Die Strategiebesprechung würde bis zum Morgen warten müssen.

Redensart

Mazel tov (hebräisch für „zum guten Glück") (Masseltoff)
haben bedeutet aus einer schwierigen Situation heraus-
kommen, ähnlich wie der Ausdruck „Schwein haben"

Glossar	Erklärung
sich etwas einprägen	*memorisieren*
heimlich	*im Verborgenem*

Übung 47   Wie heißt der Namensgeber des

großen Platzes in Prag?

Der erste Buchstabe zählt

a) Klaus ist so groß _____ Marc.

b) Kommt endlich, wir warten schon auf _____.

c) In der _____ schlafe ich meistens.

d) Beeil dich, wir haben keine _____ mehr.

e) Ein anderes Word für Schluss. _____

f) Mach das _____ an, es ist schon so dunkel.

Lösungswort: _____

_____

_____

_____

_____

_____

Alles verstanden?

Hier noch einmal ein paar Fragen zum Textverständnis:

7. Kapitel: Mazel Tov

Wahr oder Blödsinn?

a) Die Freundinnen haben sich vorgenommen, am Abend im Hotel zu bleiben.

b) Der weibliche Stammgast isst Spaghetti Bolognese „Al dente".

c) Die Kellner sind stinksauer.

d) Der weibliche Stammgast isst auch noch eine „Alte Ente".

e) Was glitschig ist, ist glatt und schwer zu greifen.

f) Der Hotelgast verlässt das Hotel zum Abendessen.

g) Der Hotelgast kommt in die Bar.

h) Marie zeigt ihm den Ballsaal.

i) Das Handy des Hotelgastes klingelt nicht.

j) Wer sich etwas einprägt, der erfindet Geschichten.

Kapitel 8

Die Kammer

Sie wachten am nächsten Morgen recht früh auf, da sie schon um halb elf ordentlich beschwipst in die Kiste gefallen waren. Sie bestellten Frühstück auf das Zimmer, um in Ruhe besprechen zu können, was zu tun war.

„Also, wir teilen uns auf. Du musst in die Nationalgalerie und die Nummer durchklingeln und sehen, ob einer der Wachmänner an sein Telefon geht. Ich bleibe hier und überwache, was der Mann macht, ok?"

„Aber ich habe ein deutsches Handy, an die Nummer geht er vielleicht gar nicht."

„Ok, ja, dann lass ich uns eine tschechische Prepaid-Karte holen. Dann sind wir auch per SMS schneller vernetzt."

„Aber selbst wenn er Kontakt zu einem der Wachmänner hat, wo sind dann die Bilder? Ohne die müssen wir ihn ziehen lassen."

„Aber immerhin können wir unseren Verdacht dann an die Polizei weitergeben. Wir haben dann unsere Schuldigkeit getan." Das schien ein guter Plan, wenn auch nicht besonders befriedigend. Beide bereiteten sich innerlich darauf vor, dass sie den Mann wohl unbehelligt abreisen lassen mussten. Aber bis dahin würden sie alles geben.

Übung 48   Du redest ja wie ein Buch!

Redensarten rund ums Buch

1) Reden wie ein Buch: Sehr viel Reden, ohne dabei eine Pause zu machen

2) Ein offenes Buch sein: Durchschaubar und leicht verständlich sein

3) Ein Buch mit sieben Siegeln sein: Unverständlich, undurchschaubar sein

4) Wie er/sie/es im Buche steht: Ein Prototyp, ein typisches Beispiel sein

Welche Redensart passt.

Setze in der richtigen Form ein:

a) Also, die Quantenphysik verstehe ich überhaupt nicht, das ist für mich _____

b) Meine Frau _____, die macht nicht einmal eine Pause zum Luftholen!

c) Einstein war einfach unglaublich klug - er war ein Wissenschaftler _____.

d) Meinem jüngsten Sohn kann ich seine Laune an der Nasenspitze ablesen. Er ist für mich

_____.

Mit einer neuen tschechischen Nummer machte sich Rosa auf den Weg in die Nationalgalerie. Ihr Zeitfenster war erschreckend klein. Die Ausstellung eröffnete um 10 Uhr und der Mann hatte einen Flug um 13.50 Uhr. Er hatte vor dem Frühstück bereits ein Taxi zum Flughafen bestellt. Um 12 Uhr war der weg!

Sie versuchte so unauffällig wie möglich und so schnell wie möglich durch die Ausstellung zu gehen. Immer wenn sie einen Wachmann sah, ließ sie die Nummer anrufen. Sie arbeitete sich durch die Stockwerke und wurde immer ungeduldiger. Vielleicht gab es für die Wachmänner ein Handyverbot? Nein, kann eigentlich nicht sein, wie sollte man sie denn erreichen können!

Enttäuscht kam sie zum Ausgang und holte sich ihren Mantel ab. Die Gardrobiere flirtete mit einem Wachmann, Rosa würde es ein letztes Mal probieren.

Und der Wachmann fasste an seine Hosentasche, sagte ein paar entschuldigende Worte und ging die große Eingangstür hinaus.

Der ist es! Rosa prägte sich sein Gesicht genau ein. Im Hinausgehen konnte sie sogar einen Blick auf sein Namensschild werfen. Daniel Eben.

Er schaute noch einmal auf sein Handy und verschwand wieder in der Galerie.

Aufgeregt machte sich Rosa auf den Weg zurück ins Hotel. Der Weg mit der Tram kam ihr so furchtbar lang vor, es blieb ja nicht mehr viel Zeit! Die Uhr tickte fröhlich weiter. Und wieder eine rote Ampel!

Aber was sollten sie jetzt noch tun? Zum Nichtstun verdonnert zu sein war regelrecht quälend für sie. Sie hoffte, dass Marie irgendwelche Neuigkeiten hatte, die ihnen weiterhelfen konnten.

Es war zum Verzweifeln.

Übung 49   Wie ist die richtige Reihenfolge?

a) Der ist brave Soldat Schwejk von Jaroslav Hašek ein satirischer Roman.

_____

_____

b) des Buches Der Originaltitel lautet tschechische: Osudy dobrého vojáka Švejka za světové války.

_____

_____

c) typischer Schwejk Prager ist ein Charakter.

_____

_____

d) Er Leben schlägt sich List und Witz durchs mit .

_____

_____

e) drücken Er sich im mit 1. Weltkrieg Chuzpe vor dem Kriegseinsatz zu versucht .

_____

_____

f) Die Umgangssprache meisten Dialoge in tschechi-scher verfasst sind.

_____

_____

Rosa stürzte ins Hotel, verschwitzt und aufgeregt. Sie musste nicht lange suchen, Marie stand an der Rezeption und ihr Gesicht sprach mal wieder Bände. Sie hatte keine Neuigkeiten. Scheiße. Diese freute sich angemessen über Rosas Erfolg, aber das brachte sie beide kein Stück weiter. Es gab einfach keine Beweise.

„Wo ist denn unser freundlicher Dieb?"

„Der sitzt im Restaurant und genießt sein Frühstück", antwortete sie genervt. Sie rieb sich die Augen und sah so traurig aus, dass Rosa ihr die Hand auf den Arm legte.

„Keine Zeit um Selbstmitleid zu begehen, ich weiß."

„Man, das heißt *Selbstmord begehen oder in Selbstmitleid versinken* 𝒦, aber beides stinkt zum Himmel, hast ja Recht. Gleich kommt der Typ her, wird seine Rechnung begleichen und ab die Post. Den sehen wir nie wieder!"

Sie standen wie *begossene Pudel* 𝒦 an der Rezeption, als einer der Pagen zu ihnen kam und sagte: "Entschuldigung, Frau Direktor, kann ich stören, bitte?" Marie hasste es, Frau Direktor genannt zu werden, aber dafür hatte sie in diesem Augenblick keinen Kopf.

Ungewöhnlich barsch antwortete sie: "Ja, was ist denn, Beppo?" Sie drehte sich zu ihm um. Offensichtlich war etwas schiefgelaufen, er zog den Kopf ein.

„Es hat einen Unfall gegeben, ich kann nichts dafür." Na bitte, dachte ich es mir doch. Etwas ist schiefgegangen. „Und was ist passiert?"

„Wir haben doch diese Zeitschriften in unserer Kammer." Marie wusste schon, was jetzt kam.

*K*ollokation
Selbstmord begehen   sich selbst töten
in Selbstmitleid versinken nicht mehr aus dem Status des
                            Selbstmitleids herauskommen

Übung 50   Welche Person benutzt welches

Objekt?

Ordne zu. Mit Artikel natürlich ☺

1) Der Koch	a) _____ Traktor
2) Der Arzt	b) _____ Angel
3) Die Pianistin	c) _____ Topf
4) Der Fischer	d) _____ Kamera
5) Die Fotografin	e) _____ Stethoskop
6) Der Lehrer	f) _____ Klavier
7) Der Bauer	g) _____ Buch

*R*edensart

*wie ein begossener Pudel enttäuscht und entmutigt sein. Im
Niederdeutschen bedeutet Pudel: Pfütze. In diesen
Zusammenhang gehören auch die Begriffe pudel-
nass und sich pudelwohl fühlen. Der Pudel war im
17. Jahrhundert auf die Jagd auf Wasservögel
abgerichtet. Das Bild des nassen und frierenden
Jagdhundes hat zu dieser Redewendung geführt.*

_____

_____

_____

Sie hatte den Pagen schon tausendmal gesagt, sie sollten die Zeitschriften nicht so hoch aufeinanderstapeln, die könnten sonst irgendwann umfallen und etwas beschädigen.

Bevor Beppo weiter stottern konnte, drehte sie sich um und ging zur Kammer hinüber. Hier wurden Koffer von abreisenden Gästen eingeschlossen und andere Dinge, die nicht verloren gehen sollten.

Tatsächlich. Der Stapel war mindestens eineinhalb Meter hoch gewesen, in eine antike Standuhr geknallt und hatte das Glas der Vordertür zerdrückt.

„Ach du Scheiße, das sieht gar nicht gut aus. Seid ihr gut versichert?" Rosa hatte ihr über die Schulter geschaut.

Marie kratzte sich die Stirn. Das konnte sehr *kostspielig* werden. Der Antiquitätenhändler musste informiert werden. „Beppo, hast du die Lieferpapiere für diese Uhr?" Es vergingen einige Minuten, dann kam Beppo mit mehreren Papieren zurück. Marie checkte das Papier und stutzte.

„Das kommt gar nicht vom Antiquitätenladen, das kommt von einer Privatadresse, von einem D. Eben.", dabei starrte sie Rosa an. In beiden Köpfen *ratterte* es, Beppo sah die Frauen verwirrt an. Er hatte mit einem ordentlichen Anschiss gerechnet.

„Ist das für Zimmer 709?", fauchte Marie den Pagen an.

„Ja, genau. Es kommt auch gleich jemand vom Sonderversand, die wollen die Uhr verpacken und nach Deutschland bringen. Was machen wir bloß?"

Marie schob Rosa in die Kammer, zwängte sich hinterher und schloss mit ihrem Generalschlüssel die Tür ab.

„Wieso schließt du denn ab?"

Glossar	Erklärung
kostspielig	*teuer*
rattern	*ein rhythmisches Geräusch*
	z.B. das ein Zug beim Fahren macht
	hier: symbolisch für angestrengtes Nach-
	denken
der Anschiss	*ugs. tadelnde zurechtweisende Worte*

Übung 51   Ganz im Gegenteil!

Was gehört zusammen?

1) großzügig   a) unfreundlich

2) freundlich   b) leicht

3) introvertiert   c) sonnig

4) verrückt   d) geizig

5) schwierig   e) extrovertiert

6) regnerisch   f) ruhig

7) nervös   g) normal

_____

_____

_____

_____

_____

_____

_____

_____

Sie standen aneinander gedrückt in dem Mini-zimmer, eher einem großen Schrank.

„Psst, sei leise, wenn der Typ hier vorbeikommt und uns hört, ist der doch gewarnt."

„Marie, mach die Tür auf und schick wenigstens den Pagen weg, der steht wie ein Esel vor der Tür und weiß nicht was los ist."

Sie schloss die Tür auf und gab ein paar Anwei-sungen und in der Lobby lief wieder alles seinen nor-malen Gang. Beppo stand am Restauranteingang Schmiere und würde sie warnen, falls der Gast von Zimmer 709 herauskommen würde.

Sie hatten die Tür der Kammer wieder geschlos-sen, damit sie niemand sehen konnte. Vorsichtig zog Marie die Scherben aus der Tür der Uhr und öffnete sie ganz langsam. Nichts zu sehen, was nicht in eine Uhr gehörte. „Du musst sie umdrehen", raunte Rosa.

Von hinten war die Uhr mit Klebeband verklebt. Das war ungewöhnlich. Vorsichtig zog Marie das Klebeband ab, dabei löste sich schon die Hinterwand der Uhr. Sie hielt den Atem an und öffnete die Hin-terwand ganz.

Und da fiel ihr schon eine lange dicke Rolle Leinwand entgegen. Sie drehte den Kopf zu Rosa, die nur Millimeter entfernt von ihr stand und sagte ein bisschen stupide: "Und nun?"

Marie hätte sich am liebsten gesetzt, aber dafür war einfach nicht genug Platz in der Kammer. Es wurde immer heißer.

„Man, puste mir doch bitte nicht deinen heißen Atem ins Dekolleté!" Sie versuchte sich zur Tür zu drehen und gleichzeitig das Paket Leinwand so wenig wie möglich zu bewegen. Sie hatte Angst, die emp-findlichen Bilder verletzen zu können.

Übung 52   Da kann man nichts machen!

So viele verschiedene Möglichkeit das

Verb machen zu verwenden!

Kohle machen bedeutet ugs. Geld verdienen

Nichts zu machen! Bedeutet, dass etwas unabänder-

lich ist.

Sich aus dem Staub machen bedeutet, dass jemand

sich schnell entfernt und dabei Staub aufwirbelt.

Wenn jemand sagt: **um es kurz zu machen**, will er

sagen, dass er nicht lange reden will.

Etwas mit links machen bedeutet, etwas ist mühelos,

mit Leichtigkeit zu machen. Man kann auch sagen:

Etwas im Schlaf machen.

a) Ich hätte so gern ein neues Fahrrad, aber mein Va-

ter sagt immer nein. _____!

b) Schnapp dir das Geld und dann müssen wir uns so

schnell wie möglich

_____.

c) Der neue Job auf dem Kreuzfahrtschiff ist zwar

anstrengend, aber ich kann ordentlich_____.

d) Eine Rede über die neue Technologie vorbereiten?

Das _____

Da hörte sie Stimmen auf der anderen Seite der Tür. Beppo sprach ungewöhnlich laut mit jemandem.

„Nein, tut mir leid, den Schlüssel habe ich nicht, bitte setzen sie sich hier her, ich werde ihn besorgen."

In der Kammer bewegte sich niemand. Ein paar Sekunden später wurde leise an die Tür geklopft und Beppo öffnete sie einen Spalt. „Schnell, sie müssen hier weg!", flüsterte er und schob seine Chefin und deren Freundin etwas unsanft in Richtung Bar. Während die beiden durch das Restaurant verschwanden, schloss Beppo wieder ab. Keine Sekunde zu früh.

Der Gast von 709 stand auf, ging an der Kammer vorbei in die Bar und brummelte vor sich hin. „Da kann ich auch Kaffee trinken, solange ich warte."

Marie hatte mittlerweile die Leinwandrolle im Backoffice der Rezeption sehr vorsichtig aufgerollt und sah ungläubig auf die gestohlenen Bilder. Jetzt setzte sie sich erschöpft hin. Solange sie Beweise gesucht und den Unbekannten verfolgt hatten, war ihr immer klar gewesen, was zu tun sei. Jetzt saß sie nur da, ohne eine Entscheidung treffen zu können, was zu tun war. Sie stierte Löcher in die Luft.

Da passierten plötzlich mehrere Dinge gleichzeitig. Die Tür des Büros ging auf und der Hoteldirektor stand in der Tür. Als der die Bilder auf dem Schreibtisch sah, bekam er Spiegeleier-Augen und der Mund klappte ihm auf. Da er sich nicht mehr bewegte, blieb die Tür offen und laute Geräusche und eine laute, ärgerliche Stimme waren zu hören. Ein einziges *Tohuwabohu* 𐤉!

Das brachte Maries Gehirn wieder zum Funktionieren. „Tür zu!", schnauzte sie den Direktor an, der die Tür schnell zudrückte und fassungslos auf einen Stuhl sank.

Redensart

Ein Tohuwabohu ist ein riesiges Durcheinander oder Chaos. In der Bibel heißt es: Am Anfang schuf Gott Himmel und Erde. Und die Erde war wüst und leer (tohu vavohu)

Übung 53   Machen als trennbares Verb mit

Präfix.

Ergänze folgende Verben in der

richtigen Form

aufmachen   abmachen   anmachen

zumachen   ausmachen

a) Kannst du bitte den Fernseher beim Abendessen

_____?

b) Ich _____ mal ein Fenster _____, hier ist

ja so schlechte Luft!

c) Dann _____ doch die Klimaanlage _____!

d) Er hat vergessen, seinen Reißverschluss seiner

Hose _____.

e) Hast du das Preisschild _____ ,

bevor du das Geschenk eingepackt hast?

„Rosa, bring meinen Chef auf den neusten Stand der Dinge und ich schaue nach, was da draußen los ist." Sprach's und verließ den Raum.

Draußen standen einige Gäste herum, die alle in eine Richtung schauten und *Fragezeichen auf den Gesichtern ℛ* hatten. Marie folgte ihren Blicken und bekam eine merkwürdige Szene zu sehen. Beppo mit einem *dicken Grinsen* auf dem Gesicht vor der Tür der kleinen Kammer hielt den Schlüssel dazu triumphierend in die Höhe und grinste schelmisch.

Marie wurde sofort klar, was passiert was und wer die lauten Rufe und Fluche ausstieß, aber gleichzeitig auch, dass es dringend Zeit für die Polizei war. Sie bat den Rezeptionisten, die Polizei anzurufen.

Das Spiel war aus.

Endgültig

Redensart

Fragezeichen auf dem Gesicht	*Fragen, die jemandem im Gesicht anzusehen sind*
dickes Grinsen	*ein sehr ausgeprägtes Grinsen*

_____

_____

_____

_____

_____

_____

_____

_____

_____

_____

_____

_____

_____

_____

_____

_____

Alles verstanden?

Hier noch einmal ein paar Fragen zum Textverständnis:

8. Kapitel: Die Kammer

Wahr oder Blödsinn?

a) Wer wie ein Buch redet, liest aus einem Buch vor.

b) Ein Buch mit sieben Siegeln bedeutet, dass etwas undurchschaubar ist.

c) Rosa findet den Komplizen in der Nationalgalerie.

d) Der Hotelgast frühstückt im Hotel.

e) Ein begossener Pudel ist ein Mensch, der enttäuscht und entmutigt ist oder aussieht.

f) Es gab einen Unfall im Büro des Hoteldirektors.

g) Was kostspielig ist, kostet viel Geld.

h) Wer Kohle machen will, muss in eine Mine steigen.

i) Wer etwas leicht und ohne Probleme macht, der macht es mit links.

j) Das Spiel ist aus.

Kapitel 9

Ein Tohuwabohu mit Happy End?

Nun *überschlugen sich die Ereignisse* 𝒦. Aus dem Backoffice hatte der Direktor seinem Freund aus der Nationalgalerie ein Foto der Gemälde geschickt und dieser war aufgeregt auf dem Weg ins Hotel. Marie bekam davon nichts mit, da gleichzeitig die Polizei mit Blaulicht vor dem Hotel eintraf, die Lobby sich immer mehr mit Schaulustigen füllte und aus der Kammer wütende Schreie und lautes Bumsen gegen die Tür zu hören war. Ein Tohuwabohu!

Marie schnappte sich die Polizisten und erklärte ihnen auf dem Weg zur Kammer in zwei Sätzen, dass sie einen *Dieb gestellt hatten* 𝒦, der nun in der Kammer randalierte. Sie schob den immer noch breit grinsenden Beppo von der Tür und schloss auf.

„Ah, ein Glück, die Polizei ist schon da. Man hat mich hier reingeschupst und eingesperrt", versuchte der Mann von Zimmer 709 sich *aus der Situation herauszureden* 𝒦. Offensichtlich suchte er mit den Augen einen Fluchtweg. Aber die geschulten Polizisten *durchschauten* ihn mühelos und es klickten die Handschellen!

Musik in meinen Ohren, dachte Marie, und all die Anspannung der letzten Stunde fiel von ihr ab.

Kollokation

Ereignisse überschlagen sich	*Dinge passieren in schneller Abfolge*
einen Dieb stellen	*einen Dieb erkennen und festsetzen*
sich aus einer Situation herausreden	*solange reden, bis man sich aus einer unange nehmen Lage befreien kann*

Glossar	*Erklärung*
randalieren	*Krawall machen*
durchschauen	*verstehen*

Übung 54   Welcher Ort wird hier gesucht?

a) Im _____ schaue ich mir den neusten James Bond Film an.

b) Lass uns da in das _____ gehen, ich möchte einen Milchkaffee trinken.

c) Mein Auto ist leider in der _____.
Es ist schon wieder kaputt.

d) Ich muss unbedingt zum _____,
meine Haare sehen furchtbar aus.

e) Ich hab vergessen meine Badehaube mitzunehmen und durfte nicht ins _____.

f) Es ist schrecklich! Mein Mann singt immer mor-
gens unter der _____!

Während ein Polizist den Mann in Gewahrsam nahm, folgten die anderen zwei Marie in das Büro und ließen sich die Geschichte in aller Ruhe bei einem Kaffee erzählen, alle Kaffeetassen so weit wie möglich von den wertvollen Bildern entfernt. Plötzlich fiel Marie der Wachmann ein und sie gab ihnen die Telefonnummer und Rosa ihnen seine Beschreibung. Auch der würde schnellstmöglich *einkassiert* werden.

Während sich alle zusammen auf den Weg zum Kommissariat machten, erreichte Dr. Tkačík das Hotel. Ein Polizist war als Bodygard für die Bilder im Büro geblieben, gemeinsam mit dem Hoteldirektor fingen sie Dr. T. auf, als er beim Anblick der Bilder in sich zusammensackte. Es waren tatsächlich die gestohlenen Originale!

Wenig später waren aufgeregte Museumsmitarbeiter im Hotel, um die Gemälde *standesgemäß* abzuholen. Es vergingen Stunden auf dem Kommissariat, um all die Fakten aufzunehmen. Zum Glück brauchten sie keinen Dolmetscher, Marie übersetzte. Das hätte die Prozedur sicher um ein paar Stunden verlängert, Bürokratie war auch in diesem Teil der Erde nicht weniger anstrengend.

Es wurde Abend, bis Rosa und Marie wieder im Hotel ankamen. Der Hoteldirektor und Dr. T. hatten es sich im Restaurant gemütlich gemacht und speisten vorzüglich. „Na, die haben's ja *flauschig*!", kommentierte die Hausdame die zwei lachenden und mit Wein anstoßenden Männer. „Wir machen all die Arbeit, finden den Dieb und die Beute, wir sitzen dann stundenlang bei der Polizei herum und die feiern ohne uns!", mokierte Marie mit einem Schmunzeln im Gesicht, bevor sie nach oben fuhren, um sich den Schmutz und den ganzen Tag aus den Poren zu duschen.

einkassieren	*etwas wegnehmen, hier: festnehmen*
standesgemäß	*seinem Wert entsprechend*
flauschig	*weich wie Wolle, hier: gemütlich*

Übung 55   Gerundiv

a) Ein Hund, der bellt, ist ein _____ Hund.

b) Ein Kind, das spielt, ist ein _____ Kind.

c) Eine Frau, die schimpft, ist eine _____ Frau.

d) Ein Junge, der schwimmt, ist ein _____

Junge.

e) Ein Flugzeug, das fliegt, ist ein _____

Flugzeug.

f) Ein Zug, der abfährt, ist ein _____

Zug.

g) Ein Mann, der singt, ist ein _____

Mann.

_____

_____

_____

_____

_____

_____

Frisch geduscht saßen sie wenig später bei den beiden Männern am Tisch, bestellten Spaghetti „Alte Ente" und staunten nicht wenig, dass der immer bestens informierte Hoteldirektor schon alle Antworten auf ihre offenen Fragen zu haben schien. Er hatte die besten Quellen in der Stadt!

Er erklärte gerade dem schon leicht beschwipsten Museumsdirektor, dass der Dieb diese antike Standuhr im Antikladen gekauft hatte und dann an den Wachmann Eben hatte liefern lassen. Dieser hatte die Bilder aus dem Museum schmuggeln wollen in dem langen Mantel, den der Dieb mitgebracht hatte. Aber leider war der Mantel nicht groß genug, um die Bilder gut zu verstecken, so disponierten sie kurzfristig um und der Wachmann wickelte die Leinwände um einen Besenstiel, den er als angeblich kaputt in den Müll warf. Nach seiner Schicht holte er seine Beute aus dem Müll und versteckte die Bilder in der mittlerweile gelieferten Standuhr. Diese schickte er dann an das Hotel. Wenn er etwas ins Ausland geschickt hätte, wäre er sofort verdächtig gewesen. Aber so.

„Clever", sagte Rosa, "und wenn der Diebstahl erst am Dienstag im Laufe des Tages festgestellt worden wäre, wären die Bilder wohl schon außer Landes gewesen, bevor noch jemand etwas gemerkt hätte."

„Genau wie der gemeine Dieb", Dr. T. nahm den Diebstahl immer noch persönlich.

„Ja, und wie ist der Dieb dann in die Kammer gekommen?", wollte der Direktor wissen. Beppo hatte sie beim Warten im Hotelflur eingeweiht.

Nachdem Rosa ihm gesagt hatte, dass der Mann ein Dieb sei und er darauf achten sollte, dass er das Hotel nicht verlässt, war der Dieb ungeduldig geworden und hat erneut nach dem Schlüssel gefragt.

Übung 56   Gerundiv noch einmal.

a) Ein Buch, das noch gelesen werden muss, ist ein

noch _____ Buch.

b) Ein Problem, das noch gelöst werden muss, ist ein

noch _____ Problem.

c) Eine Frage, die beantwortet werden soll, ist eine

_____ Frage.

d) Ein Termin, der nicht zu verschieben ist, ist ein

nicht _____ Termin

e) Eine Aufgabe, die noch zu bewältigen ist, ist eine

noch _____ Aufgabe.

f) Ein Text, der noch korrigiert werden muss, ist ein

_____ Text.

_____

_____

_____

_____

_____

_____

_____

_____

Da hatte Beppo die Kammer aufgeschlossen und den *verdutzten* Mann kurzerhand hineingeschupst. Marie grinste breit. Es geht eben nichts über gut motiviertes und loyales Personal. Sie freute sich darüber.

Die Spaghetti kamen, ohne alte Ente, und die beiden Frauen merkten erst in diesem Moment wie hungrig sie waren. Dieser Tag war der längste ihres Lebens gewesen. Mit großem Vergnügen schaufelten sie die Nudeln in sich hinein. Irgendwie mussten alle wieder auf den Boden der Tatsachen zurückkommen und die *Wogen mussten sich glätten* ⓒ. Alle schwiegen eine Weile, um das Essen zu genießen. Nicht nur die *Liebe geht durch den Magen* ⓒ! Natürlich folgte eine Runde Becherovka dem schweren Essen. Der tat auch gut, aber die folgenden drei Runden waren wohl zu viel.

Für den Museumsdirektor wurde ein schönes Zimmer bereitgestellt, eine Zahnbürste gefunden und auch der Hoteldirektor schnappte sich einen Zimmerschlüssel. Er hatte immer frische Wäsche zum Übernachten dabei, er schlief gern und oft im Hotel.

Rosa und Marie fuhren nach oben und im 7. Stock angekommen, überkam sie wieder die Anspannung.

„Er ist nicht mehr da, Rosa", sagte Marie und legte ihr die Hand auf die Schulter. Sie verstand, was ihrer Freundin durch den Kopf ging. Sofort fiel die Anspannung wieder ab.

Im Zimmer angekommen überkam sie beide eine solche Müdigkeit, dass sie fast mit der Zahnbürste im Mund eingeschlafen wären. Im Bett sah Rosa noch einmal auf die Uhr. Fünf vor zwölf. Na, dachte sie, bis Mitternacht hätten wir es heute ja fast geschafft, aber der Champagner? Sie sah zum Champagnerkühler hinüber, und schon war sie eingeschlafen.

Glossar	Erklärung
verdutzt	*überrascht, erstaunt*

Redensart

die Wogen glätten	*beschwichtigen, zur Ruhe kommen*
die Liebe geht durch den Magen	
	wer gut kocht, gewinnt auch die Zuneigung anderer.

Übung 57 Schlau wie ein _____?

      Welches Tier repräsentiert welche

      Eigenschaft?

a) Schlau wie ein _____.

b) Langsam wie eine _____.

c) Er hat ein Gedächtnis wie ein _____.

d) Störrisch wie ein _____.

e) Ein Vogel liebt glitzernde Dinge und stiehlt diese

gern. Wir nennen sie die diebische

_____ _____.

f) Die neue Kollegin ist so langsam, sie ist wirklich

eine lahme _____.

☺*Dummheit ist im Deutschen nicht mit einem Tier verbunden, sondern mit Stroh. Wir sagen, jemand ist dumm wie Bohnenstroh. Stroh diente früher den armen Leuten als Matratze, weil es nichts kostete. Was nichts kostet ist auch nichts wert.*

Sie schliefen lange und fühlten sich nach dem Aufwachen, als wären sie gerade *aus dem Ei geschlüpft* 🎵. All die Ereignisse des vorherigen Tages erschienen so unwirklich und weit weg. Aber im Restaurant warteten schon ein verkaterter Museumsdirektor und der Hotelchef mit zwei Polizisten. Die beiden Damen waren *quasi* gezwungen sich mit an den Tisch zu setzen, obwohl sie diesen Tag lieber etwas ruhiger angehen lassen wollten.

Beide Herren standen selbstverständlich auf und schoben den Damen die Stühle an den Tisch, beide waren *Kavaliere der alten Schule* 🎵. Die Polizisten verabschiedeten sich und der Hotelmanager brachte Marie und Rosa auf den neusten Stand der Dinge.

Die Identität des Diebes war noch nicht geklärt und der Mann sagte kein Wort. Er war nirgends strafrechtlich erfasst und war nicht willens, den Behörden auch nur einen Schritt entgegenzukommen. Man vermutete aber, dass es sich um Betrug und Diebstahl im großen Stil handelte. Um einen Auftragsdieb.

Je länger er sprach, desto unruhiger wurde der Museumsdirektor - offensichtlich hatte auch er etwas auf dem Herzen, aber der Hotelmann war noch lange nicht fertig, so schnell *ließ er sich die Butter nicht vom Brot nehmen* 🎵. Er berichtete in allen Einzelheiten, wie und wo der Herr Dieb jetzt untergebracht war und was jetzt mit ihm passieren würde. Sein Pass war gefälscht und man konnte ihn noch nicht einmal einer genauen Nationalität zuordnen.

„Also sein Deutsch war fehlerlos, aber nicht akzentfrei", bemerkte Rosa. Der Hoteldirektor sah sie erstaunt an. Er hatte keinen Akzent herausgehört. Aber er sprach ja selbst kein Hochdeutsch.

Wie aus dem Ei geschlüpft bedeutet man fühlt sich wie neu geboren
wie aus dem Ei gepellt bedeutet besonders schick angezogen, geschminkt oder frisiert sein.
Kavalier der alten Schule ist ein Mann von Welt, der weiß, wie man sich gut benimmt. Ein Mann mit Manieren.
Sich die Butter nicht vom Brot nehmen lassen bedeutet sich nichts gefallen lassen, seine eigenen Interessen wahrnehmen.

Übung 58   Anatomie

Welches Körperteil fehlt?

a) Ich kann keinen Nagel gerade in die Wand schlagen, ich habe zwei linke _____.

b) Ich dachte mein Kollege steht hinter mir, aber jetzt ist er mir in den _____ gefallen.

c) Die Prüfung ist nicht einfach, nimm das nicht auf die leichte _____.

d) Er will immer alles schaffen, er will immer mit dem _____ durch die Wand.

e) Oh, wie heißt das auf Englisch, es liegt mir auf der _____, aber ich komm nicht drauf.

f) Beeil dich, wir verpassen noch den Flug. Wir müssen jetzt einen _____ zulegen.

g) Die Schule für mehrfach behinderte Kinder liegt mir ganz besonders am _____.

Aber bevor er nachfragen konnte, platzte Dr. T.

„Sie sind heute Abend eingeladen von unserem Präsidenten!" Er *strahlte über beide Ohren* 🧑. Der Hoteldirektor murmelte „mit Tausend anderen", aber sah den Museumsdirektor aufmunternd an.

„Ach", entfuhr Rosa ein leicht dämlicher Kommentar. Sie wurde rot.

„Aber ja, ich habe eben das ok von der Burg bekommen. Als Dankeschön für ihren Einsatz zur Rettung der Kunst!" Endlich war es raus und Dr. T. freute sich, seine Neuigkeiten *an den Mann bzw. an die Frauen gebracht* 🧑 zu haben.

„Die Einladungskarten werden später hergebracht", sagte er stolz. Die Freundinnen bedankten sich mit angebrachter Ehrfurcht und überlegten, wo sie auf die Schnelle für Rosa entsprechende Kleidung für ein Galadinner herbekamen – so was hatte sie nicht dabei. Während dieser Diskussion waren Direktor und Direktor aufgestanden und verschwunden.

Sie gingen los in die Stadt, um Schuhe und Kleid zu kaufen. Heute war alles viel leichter, weniger heiß und anstrengend und Rosa hatte keinen Durst, obwohl sie wieder ohne Wasser aus dem Haus gegangen waren. Beim Mittagessen sagte Rosa dann mit gekräuselter Stirn: „Irgendetwas wollte ich mir noch mal genau ansehen, aber ich weiß nicht mehr was. Kennst du das?" Marie lächelte. Klar kannte sie das.

„Da war was, gestern. Ich komm nicht drauf!"

„Gestern warst du den ganzen Tag auf der Polizeiwache, was willst du da nochmal sehen?", fragte sie. Und dann fügte sie an, „oder war es etwas davor? Wo warst du davor? Im Museum!"

Da fiel es Rosa wieder ein.

Redensart

über beide Ohren strahlen	*besonders hell strahlen, lachen*
etwas an den Mann bringen	*etwas übermitteln, etwas mitteilen*

Übung 59 Plusquamperfekt

Was ist zuerst passiert?

1) a) Ich musste Geld holen.

   b) Ich hatte mir 5 Paar Schuhe gekauft.

2) a) Er hatte sich beim Skifahren das Bein gebrochen.

   b) Er ist zum Arzt gegangen.

3) a) Wir mussten zusammen lernen.

   b) Er hatte die Prüfung nicht bestanden.

4) a) Sie war sehr müde.

   b) Sie hatte die ganze Nacht nicht geschlafen.

5) a) Er hatte Geld gestohlen.

   b) Der Dieb wurde festgenommen.

6) a) Ich bin sehr glücklich.

   b) Ich hatte einen tollen Mann kennengelernt.

7) a) Sie waren erst spät angekommen.

   b) Sie hatten sich verfahren.

Die Nationalgalerie! Klar! Sie war wie blöd den Wachmännern hinterhergerannt ohne nach rechts oder links zu schauen! Nur am Eingang hatte sie in eine separate Halle geschaut, in der großformatige Bilder ausgestellt waren. Marie wusste natürlich sofort, dass es sich um das Slawische Epos von Alfons Mucha handelte, 20 riesige Leinwände mit der Geschichte der Slawen, ein Bild schöner als das andere.

Sie verbrachten den ganzen Nachmittag vor den Gemälden, Dr. T. leistete ihnen Gesellschaft und erklärte ihnen *jede kleinste Kleinigkeit* ℛ und beantwortete alle Fragen. Er war in seinem Element und strahlte aus jedem Knopfloch seines Sakkos.

Als sie sich am Abend in der Prager Burg wiedertrafen, hatte er schon Neuigkeiten über den Dieb. Es war ein in der Schweiz gesuchter Kunstseriendieb.

„Es könnte sein, dass ihr eine Belohnung bekommt", meinte er vergnügt, als sie mit Champagnergläsern in der Hand auf den Balkon schlenderten, um sich das Feuerwerk anzusehen.

„Jetzt *lassen wir den Abend gemütlich ausklingeln* ℛ," sagte Marie. Rosa kicherte und korrigierte ihre liebe Freundin ausnahmsweise einmal nicht. Es war ein besonderer Moment. Die beleuchtete Burg, die festlichen Gäste in ihren schönen Kleidern. Das Feuerwerk begann und alle Gäste schauten verträumt in den bunten Himmel.

Die beiden Freundinnen hielten sich an den Händen, stießen mit ihren Gläsern an und Maries Blick fragte: Und? Rosa lächelte und ihr Blick antwortete: Nirgends werde ich lieber sein als bei dir und in dieser tollen Stadt. Ich bleibe.

Und die Kirchturmuhr schlug zur Mitternacht.

Redensart

| jede kleinste Kleinigkeit | jedes feinste kleinste Detail |
| den Abend ausklingen lassen | die „Musik" des Abends, also das Vergnügen der Atmosphäre, das Essen, das Ambiente genießen und langsam zum Ende kommen |

Das Ende ❤

Alles verstanden?

Hier noch einmal ein paar Fragen zum Textverständnis:

9. Kapitel: Ein Tohuwabohu mit Happy End!

Was stimmt?

a) Die Polizei stellt den Dieb.

b) Der Dieb versucht, sich aus der Situation herauszureden.

c) Wer randaliert, der baut einen Gartenzaun.

d) Die gestohlenen Bilder tauchen auf!

e) Der Hoteldirektor ist bestens informiert.

f) Der Museumsdirektor flirtet mit der Kellnerin.

g) Beppo fegt den Weg vor dem Hotel.

h) Wer die Wogen glättet, bügelt.

i) Das Slawische Epos besteht aus 10 kleinformatigen Aquarell-Bildern.

j) Die Freundinnen und der Museumsdirektor sind zum Galadinner auf der Prager Burg eingeladen.

k) Endlich gibt's Champagner um Mitternacht!

Lösungen der Übungen:

Übung 1	a) die Abteile b) die Spiegel c) die Handtaschen d) die Korridore e) die Nationen
Übung 2	Korrekt: b) e)
Übung 3	a) der Artikel b) der Urlaub c) das Buch d) die Sprache e) der Abend
Übung 4	a) fleißig b) fröhlich c) natürlich d) sauer e) hässlich f) schwach
Übung 5	a) die Frage b) die Antwort c) die Entscheidung d) der Besuch e) die Kontrolle
Übung 6	individuell
Übung 7	individuell
Übung 8	b) Wenn ich krank wäre, würde ich nur Tee trinken. c) Ich würde nur Bio Produkte kaufen, auch wenn ich nicht viel Geld hätte. d) Er würde den Schirm nehmen, wenn es regnen würde.
Übung 9	b) er sah c) du schliefst d) wir sagten e) sie wollten f) ihr hattet g) sie konnten
Übung 10	a) ihre b) meinen/ deinen c) seinen d) eure e) unsere
Übung 11	a) kalt b) weich c) klug/ intelligent d) stumpf e) dünn/ schlank f) reich g) böse/ schlecht
Übung 12	b) sie hat gehört c) sie ist gefahren d) sie hat gesehen e) sie hat begonnen f) sie hat sich gefühlt g) sie hat erzählt h) sie ist gefallen
Übung 13	arm, normal, dick, laut, verliebt, hungrig, doof, leise, kurz
Übung 14	a) vor b) um c) über d) um e) mit f) an g) an
Übung 15	a) spucken b) langsam c) vergessen d) schielen e) betrunken f) beliebt

Übung 16	die Freundschaft, der Komiker, die Emotion, die Einsamkeit, der Kommentator, das Bedürfnis, die Tortur, der Moralist
Übung 17	individuell
Übung 18	b) sei c) sähe d) gewinnen würde, würde kaufen e) käme/ kommen würde f) sei
Übung 19	b) Ruf Dich an c) Kann nicht sein d) Ist nicht schlimm e) Stimmt so f) Komm morgen
Übung 20	jung, jünger, am jüngsten/ lang, länger, am längsten/ alt, älter, am ältesten/ romantisch, romantischer, am romantischsten/ klug, klüger, am klügsten/ gut, besser, am besten/ gern, lieber, am liebsten
Übung 21	a) hörbar b) trinkbar c) essbar d) erträglich e) fühlbar f) akzeptabel
Übung 22	Morgenwonne von Joachim Ringelnatz
Übung 23	b) verkleinern c) vertiefen d) verlängern e) verkürzen f) erhöhen
Übung 24	1f, 2a, 3d, 4c, 5b, 6e 2,1,6,3,5
Übung 25	b) Wälder c) Diven d) Vögel e) Mütter f) Examina
Übung 26	a) werden b) wirst c) werde d) wird e) wird f) werdet
Übung 27	a) unsanft b) unschön c) inakzeptabel d) informell e) atypisch f) unsympathisch
Übung 28	1b, 2c, 3f, 4e, 5a, 6d
Übung 29	1d, 2g, 3a, 4b, 5c, 6h, 7f, 8e
Übung 30	a) als b) als c) wie d) als e) wie f) wie g) als
Übung 31	a) um b) aus c) an d) vor e) an f) in
Übung 32	a) bei b) zu c) über d) von e) mit
Übung 33	a) wusste b) kannst c) kennst d) weiß e) können f) kann g) weiß
Übung 34	1d, 2c, 3a, 4g, 5f, 6e, 7b

Übung 35	1) ja 2) doch 3) einfach 4) doch 5) wohl 6) wohl 7) ja 8) schon 9) denn
Übung 36	das Mitgefühl – mitfühlen, die Liebe – lieben, der Hass – hassen, die Eifersucht – eifersüchtig sein, die Freude – sich freuen, die Scham – sich schämen, der Ekel- sich ekeln, das Glück – glücklich sein
Übung 37	1b, 2a, 3b, 4b, 5a
Übung 38	1e, 2d, 3b, 4c, 5a, 6h, 7i, 8g, 9k, 10f
Übung 39	a) über b) über c) vor d) um e) zu f) gegen
Übung 40	a) den b) der c) der d) die e) das f) die g) den h) den
Übung 41	1c, 2b, 3a, 4b, 5c, 6c
Übung 42	1c, 2d, 3b, 4e, 5a
Übung 43	1c, 2d, 3b, 4a
Übung 44	a) sich b) dich c) mich d) uns e) euch f) sich
Übung 45	1h, 2a, 3f, 4b, 5 g, 6e, 7c, 8d
Übung 46	a) in b) um c) an d) um e) an f) vor g) vor
Übung 47	a) wie b) euch c) Nacht d) Zeit e) Ende f) Licht Lösungswort: Wenzel
Übung 48	a) ein Buch mit sieben Siegeln b) redet wie ein Buch c) wie er im Buche steht d) ein offenes Buch
Übung 49	a) Der brave Soldat Schwejk ist ein satirischer Roman von Jaroslav Hašek. b) Der tschechische Originaltitel des Buches lautet: Osudy dobrého vojáka Švejka za světové války. c) Schwejk ist ein typischer Prager Charakter d) Er schlägt sich mit List und Witz durchs Leben e) Er versucht sich im 1. Weltkrieg mit Chuzpe vor dem Kriegseinsatz zu drücken. f) Die meisten Dialoge sind in tschechischer Umgangssprache verfasst.

Übung 50	1c) der, 2e) das, 3f) das 4b) die, 5d) die, 6g) das 7a) der
Übung 51	1d, 2a, 3e, 4g, 5b, 6c, 7f
Übung 52	a) Nichts zu machen b) aus dem Staub machen c) Kohle machen d) mache ich mit links/ im Schlaf
Übung 53	a) ausmachen b) mache auf c) mach an d) zuzumachen e) abgemacht
Übung 54	a) Kino b) Café c) Werkstatt d) Friseur e) Schwimmbad f) Dusche
Übung 55	a) bellender b) spielendes c) schimpfende d) schwimmender e) fliegendes f) abfahrender g) singender
Übung 56	a) zu lesendes b) zu lösendes c) zu beantwortende d) nicht zu verschiebender e) zu bewältigende f) zu korrigierender
Übung 57	a) Fuchs b) Schnecke c) Elefant d) Esel e) Elster f) Ente
Übung 58	a) Hände b) Rücken c) Schulter d) Kopf e) Zunge f) Zahn g) Herzen
Übung 59	1b, 2a, 3b, 4b, 5a, 6b, 7a

Lösungen zum Textverständnis:

Wahr:
1. Kapitel: b, c, h, i
2. Kapitel: a, c, f, g
3. Kapitel: c, d, f, h, j
4. Kapitel: b, d, g
5. Kapitel: a, c, f, j
6. Kapitel: a, b, d
7. Kapitel: a, b, e, g, h
8. Kapitel: b, c, d, e, g, i, j
9. Kapitel: a, b, d, e, j, k